PRIÈRES ET SAGESSE
de tous les temps

Serge Pothel

PRIÈRES ET SAGESSE de tous les temps
2016 Copyright ©
Registre de Propriétés Intellectuelles, Copyright Office, District de Washington, États-Unis d'Amérique
Serge Pothel,
Tous droits réservés.
Toute reproduction même partielle de cette compilation sans le consentement de l'auteur/éditeur constitue un délit contre les droits de la propriété intellectuelle.
ISBN-13: 978-0692690826
ISBN-10: 0692690824

Publié par
KISKEYA PUBLISHING CO, MIAMI FLORIDA USA.

J'exprime ma gratitude et mes remerciements à Carline Nolte Mourra et Roger Reymez pour leur concours, leur disponibilité et surtout leur amitié.

« Croire que sa race, ou sa religion, est seule détentrice de vérité est une erreur. Certaines vérités ne nous paraissent invraisemblables que, tout simplement, parce que notre connaissance ne les atteint pas ».

Amadou Hampaté Bâ, (1900- 1991), écrivain malien.

TABLE DES MATIÈRES

Avant-Propos	i
Prière de Voltaire	2
Poème de Gandhi	4
Prière de Lucius à Isis	5
Réponse d'Isis à Lucius	7
Action de Grâce de Lucius à Isis	9
Confession de Maat	11
Hymne à Ptah	13
Prière à Isis	15
Hymne à Isis	16
Adoration d'Osiris	17
Hommage à Osiris	19
Litanie d'Osiris	24
Hymne à Hathor	26
Prière à Thot	27
Hymne au Soleil d'Akhenaton	28
Livre de la sagesse d'Amenemope	31
Maximes du Scribe Anty à son fils	34
Prière à Viracocha	35
Prière amérindienne au Grand Esprit	37
Prière amérindienne pour la paix	39
Prière amérindienne du départ	40
Prière maya	42
Prières Incas	44
Pensée de Tecumseh	46
Testament Amérindien	47
Prière amérindienne au soleil	52
Hymne à Zeus	54
Hymne à Déméter	56
Hymne à Hestia	57
Hymne à Aphrodite	58
Hymne à Athéna	60
Hymne à tous les dieux	62
Hymne au Soleil	63

TABLE DE MATIÈRES

Hymne à la nature	66
Hymne à la terre	68
Prière de Pythagore	70
Pensées de Pythagore	71
De la création du monde	74
Prière d'Apollonios de Tyane	83
Conseil d'Appolonios de Tyane à l'empereur Vespasien	84
Consolations à Valérius	85
Conseils de morale pratique d'Isocrate	89
Réflexions d'Empédocle	92
Pensée d'Epictète	94
Du choix des amis	97
Prière au Dieu Suprême	99
Hymne à Vénus	102
Credo de la Paix	104
Prière pour la Paix	106
Prière jaïna pour la paix	107
Prière soufie pour la Paix	108
Prière Hindoue pour la paix	109
Prière de St François d'assise	111
Prière d'un Prisonnier	112
Alors la Paix viendra	114
Prière de Gandhi	116
La Grande Invocation	118
Invocation de Salomon	120
Le Cantique des 144 000	122
Prière de Saint Patrick	123
Prière du Juif	127
Prière du matin	128
Prière pour se guérir	129
Prière du soir	130
Prière des Starets d'Optima	132
Apprenez-moi à communier en mourant	134
Desiderata	135
Adore et Confie-Toi	137
Prière de l'artisan	139
La Bonne Prière	141

TABLE DE MATIÈRES

Prière de Consultation	143
Khatum	144
Prière soufie de guérison	145
Rasul	146
Al Fatiha	147
Prière de Rumi	148
Pensée de Rumi	149
Poème de Rumi	150
Aimer	151
Tablette du Juste	152
Prière universelle soufie	154
Principes soufis	156
Pensée Soufie	158
Ô Tout de mon Tout	159
Exhortations d'al-Ghazali	161
Litanies du St. Esprit	165
Litanies au Saint-Esprit	167
Prière à l'Esprit Saint	168
Notre Dame de la Vie	169
Mère de Dieu	170
Prière à Notre Dame	171
Supplique à Notre Dame	173
Prière de Miséricorde	174
La Sagesse Créatrice	175
Ô formes d'éternité	176
Prière pour mes ennemis	179
Pour ta gloire, Seigneur	181
Prière de Saint Siméon	183
Pensée de St. Augustin	184
Prière de Saint Basile de Césarée	185
Prière de St. Clément de Rome	186
Prière de St. Grégoire de Naziance	188
Prière de St Jean de la Croix	190
Prière de St Thomas d'Aquin	191
Soliloque de St. Augustin d'Hippone	192
Pensée Jaina du Ve siècle	202
Prière d'un Vieillard	203

TABLE DE MATIÈRES

Prière du IIIe siècle	205
Hymne à Shamash	206
Hymne à Marduk	209
Hymne à Inanna, la Sainte Prêtresse des Cieux	211
Hymne à Astarté	212
Hymne à Zoroastre	215
Hymne à Mithra	216
Plainte du juste souffrant	218
Les Instructions de Shuruppak	223
Extrait de l'Avesta	229
Extrait de la Bhagavad Gita	234
Verset 6 du Tao	236
39e Verset du tao	237
Pensée Hindoue	238
Prière Universelle	239
Prière des Rose-Croix du passé	240

PRIÈRES ET SAGESSE de tous les temps

- **Avant-Propos**

C'est en lisant les Métamorphoses d'Apulée, auteur romain du deuxième siècle, que l'idée m'est venue de présenter ce travail de compilation.

Dans le roman, le héros, Lucius, au cours d'un voyage à la recherche du savoir occulte, est transformé en âne pendant une opération magique mal tournée.

Après maintes péripéties, il obtint son retour à la forme humaine grâce à une invocation à la déesse Isis, au passage d'une possession.

J'ai été profondément touché par cette prière du cœur qui figure d'ailleurs au début de cet ouvrage.

La réponse de la déesse a illuminé ma perception du féminin sacré et m'a permis d'appréhender la tolérance religieuse qui a caractérisé le monde antique.

J'ai été ainsi amené à effectuer un survol de différentes religions et traditions pour offrir au public ces quelques prières et fragments de sagesse, glanés ici et là, pour informer ou rappeler que la quête du divin est éternelle et remonte à la nuit des temps ; que du cœur de l'homme où couve l'étincelle divine s'effectue un élan vers le cœur de dieu, dans un espoir de réintégration du « paradis » perdu.

Ces prières et fragments de sagesse résonnent parfois comme des échos les uns des autres, car l'inspiration divine se manifeste où elle veut, comme le vent. Et il n'existe qu'une source, l'unité.

PRIÈRES ET SAGESSE de tous les temps

Puisse cette lecture vous apporter compréhension et tolérance. Et puissiez-vous vous sentir en harmonie avec la puissance suprême et infinie en quelque lieu où le nom de Dieu est prononcé et vénéré.

PRIÈRES ET SAGESSE
de tous les temps

PRIÈRES ET SAGESSE de tous les temps

1- Prière de Voltaire*

Ce n'est plus aux hommes que je m'adresse ; c'est à toi, Dieu de tous les êtres, de tous les mondes, et de tous les temps : s'il est permis à de faibles créatures perdues dans l'immensité, et imperceptibles au reste de l'univers, d'oser te demander quelque chose, à toi qui as tout donné, à toi dont les décrets sont immuables comme éternels, daigne regarder en pitié les erreurs attachées à notre nature ; que ces erreurs ne fassent point nos calamités. Tu ne nous as point donné un cœur pour nous haïr, et des mains pour nous égorger ; fais que nous nous aidions mutuellement à supporter le fardeau d'une vie pénible et passagère ; que les petites différences entre les vêtements qui couvrent nos débiles corps, entre tous nos langages insuffisants, entre tous nos usages ridicules, entre toutes nos lois imparfaites, entre toutes nos opinions insensées, entre toutes nos conditions si disproportionnées à nos yeux, et si égales devant toi, que toutes ces petites nuances qui distinguent les atomes appelés hommes ne soient pas des signaux de haine et de persécution ; que ceux qui allument des cierges en plein midi pour te célébrer supportent ceux qui se contentent de la lumière de ton soleil ; que ceux qui couvrent leur robe d'une toile blanche pour dire qu'il faut t'aimer ne détestent pas ceux qui disent la même chose sous un manteau de laine noire ; qu'il soit égal de t'adorer dans un jargon formé d'une ancienne langue, ou dans un jargon plus nouveau; que ceux dont l'habit est teint en rouge ou en violet, qui dominent sur une petite parcelle d'un petit tas de la boue de ce monde et qui possèdent quelques fragments arrondis d'un certain métal, jouissent sans orgueil de ce qu'ils appellent grandeur et richesse, et que les autres les voient sans envie : car tu sais qu'il n'y a

PRIÈRES ET SAGESSE de tous les temps

dans ces vanités ni de quoi envier, ni de quoi s'enorgueillir. Puissent tous les hommes se souvenir qu'ils sont frères[1].

---

[1] Extrait de « Traité sur la tolérance ».

*Voltaire, Philosophe et écrivain français du 18e siècle. Il fut un anticlérical.

PRIÈRES ET SAGESSE de tous les temps

2-   Poème de Gandhi

Prends ton sourire
Et donne-le à celui qui n'en a jamais eu
Prends un rayon de soleil
Et fais-lui percer les ténèbres
Découvre une source
Et purifie celui qui est dans la boue
Prends une larme
Et dépose-la sur le visage de celui qui ne sait pas pleurer
Prends le courage
Et mets-le au cœur de celui qui ne peut plus lutter
Découvre un sens à la vie
Et partage-le avec celui qui ne sait plus où il va
Prends dans tes mains l'espérance
Et vis dans la lumière de ses rayons
Prends la bonté
Et donne-la à celui qui ne sait pas donner
Découvre l'amour
Et fais-le connaître à tous[2].

---

[2] Mahatma Gandhi, homme politique et guide spirituel indien connu comme l'apôtre de la non-violence. Il fut, par son action, le promoteur de l'indépendance de l'inde en 1940. Il milita contre l'apartheid en Afrique du sud. Hindouiste, il pratiquait la tolérance religieuse. Il est mort assassiné en 1948.

PRIÈRES ET SAGESSE de tous les temps

3- Prière de Lucius à Isis
Apulée

« Reine du Ciel, soit qu'étant la bienfaisante Cérès, la mère et l'inventrice des moissons,

Qui, joyeuse d'avoir retrouvé sa fille, enseigna aux hommes à remplacer l'antique gland, cette nourriture sauvage, par de plus doux aliments, vous habitiez les campagnes d'Eleusis ; soit qu'étant la Vénus céleste, qui aux premiers jours du monde rapprocha les différents sexes par le sentiment d'un amour inné, et propagea, par une éternelle fécondité, les générations humaines, vous soyez adorée dans l'île sainte de Paphos ; soit qu'étant la divine Phébé,

Qui, par les secours précieux qu'elle prodigue aux femmes enceintes et à leurs fruits, a mis tant de peuples au monde, vous soyez aujourd'hui révérée dans le magnifique temple d'Ephèse ; soit qu'étant la redoutable Proserpine aux nocturnes hurlements, dont la triple forme arrête l'impétuosité des spectres, qui tient fermées les prisons de la terre, qui parcourt les divers bois sacrés, vous soyez rendue propice par des cultes variés ; ô vous !

Qui de votre lumière féminine éclairez toutes murailles, de vos humides rayons nourrissez les précieuses semences,

Et qui, remplaçant le soleil, dispensez une inégale lumière ! Sous quelque nom, sous quelque forme, avec quelque rite qu'il soit permis de vous invoquer, assistez-moi dans mon malheur extrême ; raffermissez ma fortune

PRIÈRES ET SAGESSE de tous les temps

chancelante ; accordez-moi un moment de paix ou de trêve après de si rudes traverses. Qu'il suffise de ces revers, qu'il suffise de ces épreuves[3] ».

Dans l'Egypte antique, Isis a été vénérée comme épouse et la mère idéale. On lui attribue la première résurrection dans l'histoire des traditions: celle de son mari Osiris assassiné et mutilé par leur frère Seth. Aidée de sa sœur Nephtys, elle a rassemblé les différentes parties du cadavre éparpillées à travers le monde, à l'exception du pénis avalé par un poisson. Elle reconstitua le corps, refit le pénis d'argile et après une union posthume donna naissance au Dieu Horus, symbole du bien, appelé à venger son père.

---

[3] Extrait de « l'Âne d'Or ou les Métamorphoses », d'après la traduction de Desiré Nisard.

* Apulée fut un philosophe et écrivain français né en Algérie au 2e siècle. Il fut influencé par Platon et Pythagore.

4- Réponse d'Isis à Lucius

« Je viens à toi, Lucius, émue par tes prières. Je suis la Nature, mère des choses, maîtresse de tous les éléments, origine et principe des siècles, souveraine des divinités, reine des mânes, première entre les habitants du Ciel, type commun des dieux et des déesses.

C'est moi qui gouverne les voûtes lumineuses du Ciel, les souffles salutaires de l'Océan, le silence lugubre des Ombres.

Puissance unique, je suis par l'univers entier adorée sous mille formes, avec des cérémonies diverses et sous mille noms différents : les Phrygiens, premiers habitants de la terre, m'appellent Déesse de Péssinonte et Reine des Dieux.

Les athéniens autochtones me nomment Minerve Cécropienne ; je suis Vénus de Paphos chez les habitants de l'île de Chypre ; Diane Dictynnne chez les Crétois habiles à lancer des flèches ; Proserpine Stygienne chez les Siciliens à l'île triangulaire ; l'antique déesse Cérès chez les habitants d'Eleusis ; Junon chez les uns ; Bellone chez les autres ; Hécate chez ceux-ci ; chez ceux-là Rhamnusie.

Mais ceux qui les premiers sont éclairés des divins rayons du soleil naissant, les peuples d'Éthiopie, de l'Ariane et les Égyptiens, si admirables par leur antique sagesse, m'honorent seuls du culte qui me convient, seuls ils m'appellent par mon véritable nom : à savoir la reine Isis. Je viens, touchée de tes infortunes, je viens favorable et propice.

PRIÈRES ET SAGESSE de tous les temps

Cesse désormais tes pleurs, fais trêve à tes lamentations, bannis ton désespoir : déjà la providence fait luire pour toi le jour du salut[4] ».

---

[4] Idem.

5- Action de Grâce de Lucius à Isis

Divinité sainte, source éternelle de salut, protectrice adorable des mortels, qui leur prodigues dans leurs maux l'affection d'une tendre mère; pas un jour, pas une nuit, pas un moment ne s'écoule qui ne soit marqué par un de tes bienfaits.

Sur la terre, sur la mer, toujours tu es là pour nous sauver ; pour nous tendre, au milieu des tourmentes de la vie, une main secourable ; pour débrouiller la trame inextricable des destins, calmer les tempêtes de la Fortune, et conjurer la maligne influence des constellations.

Vénérée dans le ciel, respectée aux enfers, par toi le globe tourne, le soleil éclaire, l'univers est régi, l'enfer contenu.

À ta voix, les sphères se meuvent, les siècles se succèdent, les immortels se réjouissent, les éléments se coordonnent.

Un signe de toi fait souffler les vents, gonfler les nuées, germer les semences, éclore les germes. Ta majesté est redoutable à l'oiseau volant dans les airs, à la bête sauvage errant sur les montagnes, au serpent caché dans le creux de la terre, au monstre marin plongeant dans l'abîme sans fond.

Mais quoi ! Ni mon génie n'est à la hauteur de tes louanges, ni ma fortune ne suffit à t'offrir de dignes sacrifices.

Ma faible voix ne peut exprimer ce que ta majesté m'inspire, et ce que mille bouches, mille voix douées d'une intarissable éloquence ne parviendraient pas à exprimer. Dans ma pauvreté, je ferai du moins ce qui est possible au cœur religieux.

Ton image sacrée restera profondément gravée dans mon âme, et toujours présente à ma pensée[5].

---

[5] Idem.

PRIÈRES ET SAGESSE de tous les temps

6- Confession de Maat*

Hommage à Toi, ô Dieu Tout-Puissant, Maître de toute vérité ! Je viens à toi, ô mon Dieu, je me place devant Toi afin d'apprendre Tes décrets.

Je Te connais et je communie avec Toi et avec les quarante-deux lois que tu as faîtes et qui existent dans cette Chambre de Maat ! En vérité, je me remets entre tes mains et j'ai placé Maat en mon esprit et en mon âme.

Pour toi j'ai détruit la perversité.
Je n'ai pas fait de mal à l'humanité.
Je n'ai pas opprimé les membres de ma famille.
Je n'ai pas accompli le mal au lieu du bien et de la vérité.
Je n'ai pas traité avec des hommes indignes.
Je n'ai pas demandé à passer le premier en toutes choses.
Je n'ai pas obligé quiconque à un travail excessif pour moi.
Je ne me suis pas placé en avant pour recevoir des honneurs.
Je n'ai pas frustré les opprimés de leurs biens.
Je n'ai fait souffrir aucun homme de la faim.
Je n'ai fait pleurer personne.
Je n'ai fait infliger aucune souffrance à un homme ou à un animal.
Je n'ai pas frustré les temples de leurs oblations.
Je n'ai pas fraudé sur la mesure.
Je n'ai pas dérobé de terre.
Je n'ai pas empiété sur le terrain d'autrui.
Je n'ai pas augmenté les poids sur la balance pour tromper le vendeur.
Je n'ai pas indiqué de faux poids pour tromper l'acheteur.
Je n'ai pas retiré le lait de la bouche des enfants.

PRIÈRES ET SAGESSE de tous les temps

Je n'ai pas détourné l'eau au moment où elle devait couler.
Je n'ai pas éteint la flamme quand elle devait brûler.
Je n'ai pas repoussé Dieu dans ses manifestations.

Affirmation

Je suis pur! Je suis pur ! Je suis pur !
Ma pureté est celle de la divinité dans le temple saint.
Par conséquent, le mal ne m'atteindra pas en ce monde parce que moi,
Je connais les lois de dieu, qui sont divines.

Cro-Maat[6] !

---

[6] Extrait du « Livre des Morts des Anciens Égyptiens », adaptation de Ralph M. Lewis.

*Maat, dans l'Égypte pharaonique, était la déesse de la justice et de la vérité. C'était elle qui maintenait l'équilibre des mondes.

PRIÈRES ET SAGESSE de tous les temps

7-   Hymne à Ptah*

Salut à toi, Ptah, père des dieux,
To-Tjenen, aîné des dieux primordiaux,
Dieu sacré, aux nobles formes.
Très redouté,
Qui se trouve dans le Siège-Vénérable,
Dont l'autorité est forte,
Les manifestations prestigieuses,
La force considérable,
Qui emporte tout en sa puissance.
Puissance auguste, bien-aimé,
Au beau visage, à l'apparence prestigieuse,
Seigneur de la double plume,
À la brillante parure,
Lumineux, qui fait vivre les dieux,
Rayonnant, qui se lève en son horizon,
Qui éclaire le Double-Pays de son charme,
Seigneur de la lumière,
Brillant d'éclat lorsqu'il se lève en tout œil,
Vivant qui perce les ténèbres,
Disque solaire resplendissant
Qui parcourt le ciel lointain et traverse la Douat.

Le Pharaon vient à toi, ô Ptah !
Il vient à toi, dieu aux formes distinguées !
Salut à toi ! Devant les dieux primordiaux que tu as créés
Après être venu à l'existence comme corps divin,
Qui a modelé lui-même son corps
Alors que le ciel n'était pas encore venu à l'existence,
Que la terre n'était pas encore venue à l'existence,
Que le flot n'avait pas jailli.

Tu as formé la terre;
Tu as assemblé tes chairs,

PRIÈRES ET SAGESSE de tous les temps

Tu as dénombré tes membres;
Tu t'es trouvé unique, ayant fait ta place,
Dieu qui a fondé le Double-Pays.
Tu n'as pas eu de père qui t'ait engendré
Quand tu vins à l'existence,
Pas de mère qui t'ait enfanté.

Allons, chantons pour lui des hymnes !
Lui qui a créé les dieux, les hommes et tous les animaux,
Qui a créé tous les pays, les rivages et la Très-Verte (la mer),
En son nom de formateur du Pays !

Allons, chantons pour lui des hymnes !
Lui qui a amené le Nil hors de sa caverne,
Qui fait verdir l'arbre fruitier,
Qui crée le nécessaire de ce qui sort sans cesse de lui,
En son nom de Noun vénérable[7] !

---

[7] Extrait de « Hymnes et Prières de l'Égypte ancienne » Traduction de André Baruch et François Daumas.

*Dans la mythologie égyptienne, c'est le dieu créateur des dieux primordiaux. Il a créé le cosmos par la pensée et par le Verbe.

PRIÈRES ET SAGESSE de tous les temps

8- Prière à Isis

Isis, vénérable Mère des dieux, donneuse de vie, maîtresse de Philae
Dame de la Butte (la butte sainte d'Osiris),
Reine de Senmout (nom égyptien de l'île de Bigeh)
Pleureuse qui connaît les formes secrètes de ton frère ;
Vénérable, puissante, souveraine des dieux,
Toi dont le nom est exalté parmi ceux des déesses ;
Grande en magie aux desseins parfaits,
Dont les charmes refoulent Apophis,
Toi sans l'accord de qui nul ne peut entrer dans le palais du seigneur,
Glorieux de par ta volonté.
Son nom est souveraine de la vie elle qui rend vie à l'Égypte (...)
Puissante dans Thèbes,
Grande dans Dendérah,
Forte à Memphis,
Mère divine dans Coptos,
Exaltée à Akhmim,
Maîtresse de tous les nomes,
Qui domine l'Ennéade par ses charmes magiques,
Puissante, la force te confère ton prestige.
Adorée dans le ciel, souveraine des étoiles,
Qui mets les étoiles sur leur orbite,
Isis maîtresse de vie, dame de la butte sacrée,
Souveraine et régente de Philae,
Dame des pays du midi[8].

---

[8] Idem.

PRIÈRES ET SAGESSE de tous les temps

9-   Hymne à Isis

Parce que je suis la première et la dernière
Je suis la vénérée et la méprisée
Je suis la prostituée et la sainte
Je suis l'épouse et la vierge
Je suis la mère et la fille
Je suis les bras de ma mère
Je suis la stérile et mes enfants sont innombrables
Je suis la bien-mariée et la célibataire
Je suis celle qui donne le jour et celle qui n'a jamais procréé
Je suis la consolation des douleurs de l'enfantement
Je suis l'épouse et l'époux
Et c'est mon homme qui m'a créée
Je suis la mère de mon père
Je suis la sœur de mon mari
Et il est mon fils rejeté
Respectez-moi toujours
Car je suis la scandaleuse et la magnifique...[9]

---

[9] Traduction d'un document (du 3e ou 4e siècle ap. J.-C.), découvert à Nag Hamadi, en Égypte.

PRIÈRES ET SAGESSE de tous les temps

10- Adoration d'Osiris*

Adoration d'Osiris Ounnefer,
Dieu Grand dans Abydos,
Roi de l'Éternité,
Seigneur éternel,
Celui dont la vie s'étend sur des millions d'années,
Fils aîné sorti du sein de Nout, engendré par Geb le Chef,
Seigneur de la couronne-ouverte,
Gardien de la couronne blanche,
Prince des dieux et des hommes,
Celui qui a reçu le sceptre et le fléau et le rang de ses pères, offre ton cœur qui est dans Sat pour ton fils Horus installé sur ton trône.

Tu es couronné comme seigneur de Djedjou, comme régent d'Abydos.

À travers toi la terre verdit, ayant été justifié devant la main du seigneur de l'éternité.

Il éloigne de son embrasement ce qui n'est pas encore incarné dans son nom (qui est) « Celui qui éloigne de l'embrasement ».

Il unit les Deux Terres (la Haute et la Basse Égypte) dans la justification dans son nom qui est Sokaris.

Il est tout-puissant, grand de terreur dans son nom qui est Osiris.

Réellement, pour toujours, pour l'éternité son nom est Ounnefer.

PRIÈRES ET SAGESSE de tous les temps

Hommage à toi,
Roi des rois,
Seigneur des seigneurs,
Prince des princes,
Maître de la terre issu du sein de Nout,
Il a régné sur les Deux Terres et sur Igert.

D'or sont ses membres, de lapis-lazuli sa tête, de turquoise sont ses deux flancs.

Ani aux millions d'années, au large corps, au beau visage dans Tasert (l'autre monde), accorde la splendeur dans le ciel, la puissance sur la terre, la justification dans Neter-khert (l'autre monde) !

Que je navigue vers Djedjet comme une âme vivante, que je navigue vers Abydos comme un phénix, allant et venant sans être repoussé aux portes de la Douat (l'autre monde).

Que me soient données miches de pain dans la maison des libations et des offrandes dans Annou, un champ stable dans les champs des roseaux et de l'orge et du blé dans cela, pour le KA de l'Osiris Ani[10].

---

[10] Extrait du « Livre des Morts Égyptiens, Papyrus d'Ani », traduction Stéphane Boulicut.

*Dieu civilisateur de l'Égypte qui enseigna a l'humanité l'agriculture et la religion.

PRIÈRES ET SAGESSE de tous les temps

11- Hommage à Osiris

Hommage à Toi, Osiris, Seigneur d'éternité, Roi des Dieux, dont les noms sont nombreux, dont les formes sont sacrées, Toi forme cachée dans les temples, dont le Ka est sacré.

Tu es le gouverneur de Tattu, et aussi le puissant à Sekhem.

Tu es le Seigneur auquel des louanges sont attribuées dans le nom de « Ati ».

Tu es le Prince de la nourriture divine à Anu. Tu es le Seigneur qui est commémoré à Maati, l'Ame Cachée, le Seigneur de Qerrt, le Souverain suprême de Hineb-Hedj.

Tu es l'âme de Rê, son propre corps, Tu as Ta dernière demeure à Henensu.

Tu es le bienfaisant, et es loué à Nart. Tu as élevé ton âme.

Tu es le Seigneur de la Grande Maison à Khemenu. Tu es le puissant des victoires à Shas-hetep, le Seigneur d'éternité, gouverneur d'Abtu. Le chemin de Ton trône est à Ta-Tcheser.

Ton nom est reconnu dans la bouche des hommes.

Tu es la substance des Deux Terres. Tu es Tem, le nourrisseur de Kau, le Gouverneur des Compagnies des dieux.

PRIÈRES ET SAGESSE de tous les temps

Tu es l'Esprit bienfaisant parmi les esprits. Le dieu de l'Océan Céleste a tiré de Toi ses eaux.

Tu envoyas le vent du nord à la tombée du jour, et le souffle de Tes narines à la satisfaction de ton cœur.

Ton cœur a renouvelé sa jeunesse.

Les étoiles dans les hauteurs célestes Te sont soumises, et les grandes portes du ciel s'ouvrent devant Toi.

Tu es celui auquel des louanges sont adressées dans le ciel du sud, et des remerciements Te sont adressés dans le ciel du nord.

Les étoiles impérissables sont sous Ta surveillance, et les étoiles qui ne se couchent jamais sont tes trônes.

Des offrandes apparaissent devant Toi sur l'ordre de Geb. Les Compagnies des Dieux te louent, et les dieux du Touat hument la terre en Te rendant hommage.

Les parties les plus lointaines de la terre s'inclinent devant Toi, et les limites du ciel T'implorent de leurs supplications quand elles Te voient.

Tu domines ceux qui sont sacrés, et toute l'Egypte T'offre des actions de grâce quand elle rencontre Ta Majesté.

Tu es un Esprit-Corps lumineux, le gouverneur des Esprits-Corps ; permanent est Ton rang, établi est Ton pouvoir.

PRIÈRES ET SAGESSE de tous les temps

Tu es le Sekhem bienfaisant de la Compagnie des Dieux, gracieux est Ton visage, et aimé de celui qui le voit.

La crainte de Toi s'étend sur toutes les terres en raison de Ton amour parfait, et tout le peuple Te fait des offrandes.

Tu es le seigneur qui est célébré dans le ciel et sur la terre. Nombreuses sont les clameurs qui s'élèvent pour Toi lors de la fête d'Ouat, et d'un seul cœur et d'une seule voix l'Egypte lance pour Toi des cris de joie.

Tu es le Grand Chef, le premier parmi Tes frères, le Prince de la Compagnie des Dieux, l'instaurateur du Bien et de la Vérité partout dans le monde, le Fils qui a été placé sur le grand trône de son père Geb.

Tu es l'aimé de Ta mère Nout, le puissant de vaillance, qui a vaincu le démon Sebau.

Tu T'es levé et as frappé Ton ennemi, et inspiré la crainte à Ton adversaire.

Tu as apporté la frontière des montagnes. Ton cœur est ferme, Tes jambes sont bien campées.

Tu es l'héritier de Geb et de la souveraineté des Deux Terres. Il a vu ses splendeurs, il a décrété pour lui la conduite du monde par Ta main aussi longtemps que dureront les temps.

Tu as fait cette terre de Ta main, et les eaux, et les vents, et la végétation, et tous les troupeaux, et toutes les volailles à plumes, et tous les poissons, et tout ce qui rampe, et tous les animaux sauvages. Le désert est la possession légitime

PRIÈRES ET SAGESSE de tous les temps

du fils de Nout. Les Deux Terres sont satisfaites de Te couronner sur le trône de ton père, comme Rê.

Tu T'es lové dans l'horizon.

Tu as placé la lumière au-dessus des ténèbres.

Tu as envoyé l'air de Tes plumes.

Et Tu as inondé les Deux Terres comme le Disque solaire au lever du jour. Ta couronne pénètre les hauteurs du ciel.

Tu es le compagnon des étoiles, et le guide de chaque dieu.

Tu es bienfaisant dans Tes décrets et Tes paroles, le préféré de la Grande Compagnie des Dieux, et l'aimé de la Petite Compagnie des Dieux.

Sa sœur Isis le protégea, et a repoussé les démons, et détourné les calamités du mal.

Elle prononça le charme avec le pouvoir magique de sa bouche.

Sa langue était parfaite, et ne butait jamais sur un mot.

Bienfaisante dans les ordres et les mots était Isis, la femme des formules magiques, l'avocate de son frère. Elle le chercha inlassablement, elle erra sur cette terre dans le chagrin, et elle ne s'arrêta pas avant de l'avoir trouvé.

Elle fit de la lumière avec ses plumes, elle créa l'air avec ses ailes, et elle poussa les lamentations funéraires pour son frère.

PRIÈRES ET SAGESSE de tous les temps

Elle souleva les membres inactifs dont le cœur était inerte, elle tira de lui son essence, elle fit un héritier, elle éleva l'enfant dans la solitude, et l'endroit où il était n'était pas connu, et il grandit en force et en taille, et sa main était puissante dans la Maison de Geb.

La Compagnie des Dieux se réjouit, se réjouit, à la venue d'Horus, le fils d'Osiris, dont le cœur était ferme, le triomphant, le fils d'Isis, l'héritier d'Osiris[11].

---

[11] Idem.

12- Litanie d'Osiris

Osiris Ounnefer,
Osiris vivant,
Osiris maître de vie,
Osiris maître de l'Univers, (...)
Osiris qui préside au grain,
Osiris Orion, (...),
Osiris maître des millions d'années,
Osiris âme des deux dames,
Osiris-Ptah maître de vie,
Osiris qui préside à Ro-Sétaou,
Osiris régent des rives, qui réside à Bousiris, (...),
Osiris dans son palais à Ro-Sétaou,
Osiris dans le nôme d'Abydos,
Osiris dans Nedyt,
Osiris qui préside à sa ville,
Osiris le souverain, (...),
Osiris dans le ciel,
Osiris dans la terre,
Osiris l'intronisé, (...)
Osiris qui régit l'éternité à Héliopolis,
Osiris engendreur,
Osiris dans la barque de la nuit, (...),
Osiris qui préside à l'Occident,
Osiris dans toutes ses places[12], (...)

---

[12] Extrait du « Livre des Morts des Anciens Égyptiens » ; traduction de Paul Barguet.

PRIÈRES ET SAGESSE de tous les temps

13- Hymne à Hathor*

Que ton visage est beau,
Lorsque tu apparais en gloire,
Lorsque tu es joyeuse,
Hathor, vénérable Dame de Senmen (île de Biggeh)
Ton père Rê exulte quand tu te lèves,
Ton frère Shou rend hommage à ta face,
Thot, puissant en breuvage t'appelle, ô puissante.
La Grande Ennéade est dans le plaisir et l'allégresse.
Les babouins sont devant ta face et dansent pour Ta Majesté,
Les hitys (d'autres singes) frappent le tambourin pour ton KA.

Les êtres chantent pour toi les hymnes et te font des adorations.

Les hommes et les femmes te prient de leur donner l'amour.
Les vierges ouvrent pour toi les festivités et te donnent leur esprit.

Tu es Dame de la Louange, maîtresse de la danse.
Grande d'Amour, maîtresse des femmes et des filles nubiles.

Tu es Dame de l'ivresse aux fêtes nombreuses,
Dame de l'oliban, maîtresse de « tresser-la-couronne »,
Dame de la gaieté, Dame de l'exultation,
A la Majesté de laquelle on joue de la musique,
Pilier djed féminin vénérable, baï femelle,
Dame de Bougen,

PRIÈRES ET SAGESSE de tous les temps

Tu es la Dame du sistre-sekhem, maîtresse de la Ménat et du sistre-Sesechet,
Vers le KA de laquelle on élève l'ouncheb.
Tu es la Dame de la danse, maîtresse des chants,
Dont la face brille chaque jour, qui ignore le chagrin.

Puisses-tu présenter ton beau visage
Au roi de Haute et de Basse-Égypte, Seigneur du Double Pays[13].

---

[13] Extrait de « La Femme au Temps des Pharaons ». Traduction par Christine Desroches Noblecourt d'un texte trouvé sur un mur de l'île de Philae.

*Déesse égyptienne de l'amour, de la beauté et de la joie. Elle aidait les femmes enceintes au moment de l'accouchement.

14- Prière à Thot*

Sauve celui qui se tait Ô Thot
Alimente une source abondante pour celui
Qui est assoiffé dans le désert
Elle est fermée pour le bavard ouverte pour le taciturne
Quand le taciturne avance, il trouve la source
Celui qui brûle de chaleur, tu le rafraîchis[14].

---

[14] http://www.zpag.net/Priere/pri_ancien.htm

*Dieu du savoir et de l'intelligence dans la mythologie égyptienne. Il inventa l'écriture pour partager la connaissance et le savoir.

PRIÈRES ET SAGESSE de tous les temps

15-   Hymne au Soleil d'Akhenaton*

Tu te lèves beau dans l'horizon du ciel,
Soleil vivant, qui vis depuis l'origine.

Tu resplendis dans l'horizon de l'est,
Tu as rempli tout pays de ta beauté.

Tu es beau, grand, brillant !

Tu t'élèves au-dessus de tout pays.

Tes rayons embrassent les pays, jusqu'aux confins de ta création.

Toi qui es Rê, tu les soumets tout entiers,
Les liant tous pour ton fils aimé.

Tu es loin, mais tes rayons sont sur la terre.

Tu es sur le visage des hommes, et l'on ne connaît pas tes venues.

Quand tu reposes à l'occident, sous l'horizon,
La terre est dans une ombre, semblable à celle de la mort...
À l'aube, tu resplendis dans l'horizon, tu illumines, toi le soleil ;
Dans le jour, tu chasses le noir lorsque tu donnes tes rayons.

Les Deux Pays s'éveillent en fête, les hommes se lèvent sur leurs pieds,

PRIÈRES ET SAGESSE de tous les temps

À cause de toi, ils lavent leur corps, prennent leurs vêtements ;
Leurs bras s'ouvrent pour adorer ton lever,
La terre entière fait son ouvrage...
Tu développes le germe dans les femmes
Et de la semence fais des hommes,
Entretenant le fils dans le sein de sa mère,
Et l'apaisant pour qu'il ne pleure pas ;
Nourrice dans le sein,
Tu donnes à ce que tu crées le souffle qui l'anime.

Quand l'enfant sort du sein... le jour de sa naissance,
Tu ouvres sa bouche et tu pourvois à ses besoins...
Combien nombreuses sont tes œuvres mystérieuses à nos yeux !

Seul dieu, toi qui n'as pas de semblable,
Tu as créé la terre selon ton cœur, alors que tu étais seul,
Les hommes, toutes les bêtes domestiques et sauvages,
Tout ce qui est sur la terre et marche sur ses pieds,
Tout ce qui est dans le ciel et vole de ses ailes ;
Les pays étrangers, Syrie et Nubie, et la terre d'Égypte,
Tu as mis chaque homme à sa place
Et tu pourvois à leurs besoins.

À chacun sa provende et son temps de vie.

Leurs langues sont diverses en paroles,
Leurs caractères aussi et leur teint diffère ;
Tu as distingué les contrées.

Tu crées le Nil débordant des enfers et le fais surgir par amour

PRIÈRES ET SAGESSE de tous les temps

Pour que vivent les habitants, puisque tu les as faits pour toi,
Tous les pays les plus lointains, tu les fais vivre,
Tu leur as donné un Nil qui déborde du ciel
Pour descendre sur eux, battre les coteaux de ses ondées
Et arroser leurs champs entre leurs villages.

Tu es seul à resplendir sous tes aspects de soleil vivant ;
Que tu apparaisses à peine ou que tu sois au comble de l'éclat,
Que tu sois loin ou te rapproches,
Tu as créé des millions de formes de toi seul,
Villes et villages, les champs, les chemins et le fleuve...
Les êtres de la terre se forment sous ta main comme tu les as voulus.

Tu resplendis, et ils vivent ; tu te couches et ils meurent.
Toi, tu as la durée de la vie par toi-même, on vit de toi.
Les yeux sont sur ta beauté jusqu'à ce que tu te couches.
Depuis que tu as fondé la terre, tu les élèves pour ton fils,
Issu de ta chair, le roi des deux Egypte[15] ».

---

[15] Extrait de « L'Égypte ancienne de Arne Eggebrecht ». Traduction de Pierre Gilbert.

*Pharaon d'Égypte. Il rompit avec la tradition pour révéler le culte d'un dieu unique Aton, représenté par le disque solaire, et bouleversa son pays en révolutionnant ainsi les croyances de son époque. Il fut aussi connu sous le nom de d'Amenhoptep IV ou Amenhophis. Il fut considéré comme hérétique par le clergé de son époque.

PRIÈRES ET SAGESSE de tous les temps

16- Livre de la sagesse d'Amenemope*

Conseils à l'humanité :
Que ton intelligence comprenne mes paroles et que ton cœur les mette en pratique,
Car celui qui les néglige ne connaît plus la paix intérieure.

Ne permets point que le pauvre et le vieillard soient rudoyés par le geste et la parole.

Ne souhaite jamais être en la compagnie d'un homme pervers.

Sache qu'un homme de bien est toujours affectionné de Dieu Quand il réfléchit avant de s'exprimer. Le mauvais foule aux pieds le bon droit et par ses mauvaises actions tente d'effacer le temps !

Que ceux qui désirent être propriétaires ne se rendent pas prospères en creusant des sillons dans les terres d'autrui.
Meilleure est la pauvreté dans la main de Dieu.

Et meilleur est le pain quand le cœur est heureux,
Car chaque homme a son heure fixée par le destin.

Récite tes prières à ATON lorsqu'il apparaît à l'horizon
Pour qu'il t'accorde une grande prospérité, la santé et
Qu'il t'épargne du besoin et de la misère pour toute ta vie.

Tu dois t'efforcer d'être sincère avec ton prochain
Même si cela doit lui causer du chagrin.

PRIÈRES ET SAGESSE de tous les temps

Ne convoite pas les biens d'autrui et n'affame pas ton voisin
Car il est choquant de prendre à la gorge celui qui pratique le bien.

Si tu découvres qu'un homme mauvais a détourné une mesure de pain
À un pauvre travailleur, empêche que cela se renouvelle dans l'avenir.

Un tel acte sera salutaire à ton âme.

Celui qui est pur comme l'or en haute teneur
Aura des honneurs au-dessus de la masse
Et verra l'effondrement de ses ennemis.

Reste humble et discret, car meilleure est la discrétion
Pour l'homme qui cherche la perfection.

En vérité les desseins de Dieu sont impénétrables,
Incline-toi devant eux et sache qu'il peut quand il le veut,
Détruire la tranquillité des hommes.

En vérité, l'homme est fait d'argile, mêlé à de la paille,
Dieu est son créateur et tous sont sortis de sa divine main.

Combien est heureux celui qui atteint l'au-delà sain et sauf !

Cela prouve qu'il vit dans la main de Dieu.

PRIÈRES ET SAGESSE de tous les temps

Si un jeune homme maudit un vieil homme, ne prends pas le « Disque Solaire » à témoin, car Rê qui sait tout punira le coupable en plein cœur.

N'oublie jamais que « l'étranger est ton frère ».

Et ne passe pas avec ta jarre d'huile sans t'arrêter[16].

---

[16] Extrait de « La Sagesse de l'Égypte Pharaonique » de Pascal Vernus.

*Scribe Égyptien qui aurait vécu vers 1360 av. J.C.

PRIÈRES ET SAGESSE de tous les temps

17- Maximes du Scribe Anty* à son fils

N'entre pas dans la maison d'un autre, mais sache que s'il t'y invite, c'est un honneur pour toi.

Lorsque tu entres dans le sanctuaire divin évite le bruit et respecte la maison de Dieu.

Prie humblement avec un cœur sincère pour que toutes tes paroles soient dites en secret. Alors Dieu écoutera ton message et acceptera tes offrandes.

Aie toujours à l'esprit que c'est ton Dieu qui donne et décide de l'existence.

Donne-toi à lui continuellement et que demain soit comme aujourd'hui.

Le Dieu de ce monde vit dans la lumière, au-dessus du firmament, mais ses emblèmes sont sur la terre.

Ne discute pas ses mystères et tu verras le divin lever de soleil faire pousser toutes végétations et multiplier les aliments dont l'homme se nourrit.

Ne sois pas rude avec ta femme quand tu sais qu'elle tient de son mieux ta maison.

Reconnais son mérite et mets ta main dans la sienne. Au lieu de semer le malheur que ta conduite soit un exemple pour tes enfants et une source de paix et de bonheur[17].

---

[17] Extrait de la traduction du papyrus du musée de Boulacq découvert par Mariette Rey.

PRIÈRES ET SAGESSE de tous les temps

18-   Prière à Viracocha*
Auteur Anonyme

Faiseur de tous les hommes !
Ô Viracocha, seigneur de l'univers, que tu sois mâle, que tu sois femme,
Seigneur de la reproduction, où que tu puisses être,
Seigneur de divination, où es-tu ?

Tu peux être en haut, tu peux être en bas, ou peut-être alentour,
Avec ton splendide trône et ton sceptre !

Deh, écoute-moi !
Du haut du ciel, où peut-être tu es, de la mer là-bas, où peut-être tu es.

Créateur du monde, faiseur de tous les hommes, seigneur de tous les seigneurs, mes yeux m'abandonnent par désir de te voir, par seul désir de te connaître.

Puissé-je t'admirer, puissé-je te connaître puissé-je te contempler, puissé-je te comprendre.

Tourne donc ton regard sur moi, puisque tu me connais,

---

*Anty - Scribe de l'ancienne Égypte dont l'existence remonterait à 1300 av. J.C.

*Viracocha - Dieu créateur des incas qui se retira du monde après avoir civilisé les hommes. Il en confia la gestion à des divinités mineures qu'il avait également créées. Il eût pour épouse Pachamama La terre-mère.

PRIÈRES ET SAGESSE de tous les temps

Le soleil, la lune, le jour, la nuit, le printemps, l'hiver, ne sont pas vainement commandés par toi,
Ô Viracocha !

Eux tous se meuvent Vers un lieu déterminé :
Tous arrivent à leur fin, là où il te plaît.
Ton sceptre royal tu le gouvernes.

Deh, écoute-moi !

Fais que je ne me fatigue, ni ne meure.

PRIÈRES ET SAGESSE de tous les temps

19- Prière amérindienne au Grand Esprit
Auteur Anonyme

Ô Grand Esprit dont j'entends la voix dans le vent, et dont le souffle donne vie à l'univers entier, écoute-moi.

Je suis ton enfant de lumière. J'ai besoin de connaître ton amour.

Permets-moi de marcher en beauté et fais que mes yeux soient toujours émerveillés par le rouge et le violet des couchers de soleil.

Fais que mes mains respectent les choses que tu as faites et que mes oreilles soient attentives à ta voix.

Donne-moi la sagesse pour que je puisse comprendre ce que tu nous enseignes.

Permets-moi d'apprendre les leçons que tu caches sous les feuilles et les pierres.

Je demande la force non pas pour dominer mes frères, mais pour combattre mon plus grand ennemi, moi-même.

Fais en sorte que je sois toujours prêt à venir à toi les mains propres et le regard serein.

Pour que, quand la vie me laissera, comme le soleil qui baisse à l'horizon, mon âme puisse venir à toi sans remords.

PRIÈRES ET SAGESSE de tous les temps

(*Prière attribuée aux Sioux aussi bien qu'aux Ojiboues d'Amérique du nord.*)

PRIÈRES ET SAGESSE de tous les temps

20- Prière amérindienne pour la paix

Ô Grand Esprit de nos ancêtres, je lève mon calumet en ton honneur.

En celui de tes messagers les quatre vents, et de la Terre Mère qui nourrit tes enfants.

Donne-nous la sagesse d'apprendre à nos enfants à aimer, à respecter, et à être bons les uns avec les autres afin de grandir dans la paix intérieure.

Laisse-nous apprendre à partager toutes les bonnes choses que tu nous as apportées sur cette Terre.

.

PRIÈRES ET SAGESSE de tous les temps

21- Prière amérindienne du départ
Auteur Anonyme.

Quand je ne serai plus là, lâchez-moi,
Laissez-moi partir
Car j'ai tellement de choses à faire et à voir.
Ne pleurez pas en pensant à moi.
Soyez reconnaissants pour les belles années
Pendant lesquelles je vous ai donné mon amour.
Vous ne pouvez que deviner
Le bonheur que vous m'avez apporté.

Je vous remercie pour l'amour que chacun m'a démontré.
Maintenant, il est temps pour moi de voyager seul.
Pendant un court moment vous pouvez avoir de la peine.
La confiance vous apportera réconfort et consolation.
Nous ne serons séparés que pour quelques temps.
Laissez les souvenirs apaiser votre douleur.
Je ne suis pas loin et la vie continue.
Si vous en avez besoin, appelez-moi et je viendrai.
Même si vous ne pouvez me voir ou me toucher, je serai là ;
Et si vous écoutez votre cœur, vous sentirez clairement
La douceur de l'amour que j'apporterai.

Quand il sera temps pour vous de partir,
Je serai là pour vous accueillir,
Absent de mon corps, présent avec Dieu.
N'allez pas sur ma tombe pour pleurer.
Je ne suis pas là, je ne dors pas.
Je suis les mille vents qui soufflent,
Je suis le scintillement des cristaux de neige,
Je suis la lumière qui traverse les champs de blé,

PRIÈRES ET SAGESSE de tous les temps

Je suis la douce pluie d'automne,
Je suis l'éveil des oiseaux dans le calme du matin,
Je suis l'étoile qui brille dans la nuit.

N'allez pas sur ma tombe pour pleurer
Je ne suis pas là, je ne suis pas mort.

PRIÈRES ET SAGESSE de tous les temps

22- **Prière maya***
Auteur Anonyme.

Nous voici devant toi,
Dieu, cœur du ciel et cœur de la terre,
Créateur, Mère et Père :
Nous voici devant toi, tes filles et tes fils,
Tes bourgeons et tes fleurs.

Nous voici pour te saluer :
Comment vas-tu ce matin ?
Comment se porte ton cœur ?
Nous venons des quatre coins cardinaux
Afin de te rendre grâce pour ce jour nouveau.

Nous t'apportons nos mains vides
Pour que tu les remplisses de force.

Nous t'apportons notre cœur disponible
Pour que tu le remplisses d'amour.

Nous t'apportons les peines, les tristesses
Et les souffrances de ton peuple.

Nous t'apportons aussi ses espérances,
Ses rêves et ses illusions pour la vie.

Animés par le témoignage de nos martyrs,
De nos anciens, de nos ancêtres
Et de tous nos défunts,
Que nous soyons de vaillants missionnaires,
Témoins et prophètes de notre temps.

PRIÈRES ET SAGESSE de tous les temps

Qu'ensemble nous construisions,
Avec dignité, un monde plus humain.

---

*Peuple d'Amérique centrale qui utilisait l'écriture hiéroglyphique et qui avait développé l'architecture et l'astrologie.

PRIÈRES ET SAGESSE de tous les temps

23- Prières Incas*
Auteur Anonyme

Hymne à la louange des divinités Pachamama,
Terre-Mère, et Tata Inti, Père Soleil.

Belle Pachamama
Ô, Tata Inti, mon père !
Auprès de vous nous venons heureux
Pour que champs et montagnes fleurissent
Que l'eau de pluie,
L'eau cristalline des montagnes,
Continue à couler
Et, que nous vivions dans l'harmonie de vos rayons lumineux.

Peuple de l'éternité
Nous sommes les descendants d'un peuple éternel
Notre père est le Soleil
Notre mère est la Terre
Nous vivons aux sommets des montagnes
Nous dansons avec le vent
Toujours ensemble
Réunis dans le lieu que la Mère Terre
Nous a accordé.

Prière de l'Inca
Grande Montagne
Pachakamaq, créateur du monde
Écoute ton fils
Je me sens dans l'abandon
Ô, père Soleil
J'implore ton aide

PRIÈRES ET SAGESSE de tous les temps

Illumine-moi
Nous, ton peuple, nous t'implorons !

---

*Les incas ou fils du soleil sont une ethnie amérindienne du Pérou. Ils soumirent une partie de la Colombie, l'Équateur, la Bolivie ainsi qu'une partie de l'Argentine et du Chili. Leur système administratif et politique dépassait celui de toutes les nations de l'Amérique précolombienne.

24- Pensée de Tecumseh
Tecumseh, chef de la tribu Shawnee

Quand tu te lèves le matin,
Remercie pour la lumière du jour
Pour ta vie et ta force.

Remercie pour la nourriture
Et le bonheur de vivre.

Si tu ne vois pas de raison de remercier,
La faute repose en toi-même.

PRIÈRES ET SAGESSE de tous les temps

25- Testament Amérindien
Chef Seattle*

Le Grand Chef de Washington nous a fait part de son désir d'acheter notre terre. Le Grand Chef nous a fait part de son amitié et de ses sentiments bienveillants. Il est très généreux, car nous savons bien qu'il n'a pas grand besoin de notre amitié en retour. Cependant, nous allons considérer votre offre, car nous savons que si nous ne vendons pas, l'homme blanc va venir avec ses fusils et va prendre notre terre. Mais peut-on acheter ou vendre le ciel, la chaleur de la terre ? Étrange idée pour nous !

Si nous ne sommes pas propriétaires de la fraîcheur de l'air, ni du miroitement de l'eau, comment pouvez-vous nous l'acheter ? Le moindre recoin de cette terre est sacré pour mon peuple. Chaque aiguille de pin luisante, chaque grève sablonneuse, chaque écharpe de brume dans le bois noir, chaque clairière, le bourdonnement des insectes, tout cela est sacré dans la mémoire et la vie de mon peuple. La sève qui coule dans les arbres porte les souvenirs de l'homme rouge.

Les morts des hommes blancs, lorsqu'ils se promènent au milieu des étoiles, oublient leur terre natale. Nos morts n'oublient jamais la beauté de cette terre, car elle est la mère de l'homme rouge ; nous faisons partie de cette terre comme elle fait partie de nous.

Les fleurs parfumées sont nos sœurs, le cerf, le cheval, le grand aigle sont nos frères ; les crêtes des montagnes, les sucs des prairies, le corps chaud du poney, et l'homme lui-même, tous appartiennent à la même famille. Ainsi,

PRIÈRES ET SAGESSE de tous les temps

lorsqu'il nous demande d'acheter notre terre, le Grand Chef de Washington exige beaucoup de nous.

Le Grand Chef nous a assuré qu'il nous en réserverait un coin, où nous pourrions vivre confortablement, nous et nos enfants, et qu'il serait notre père, et nous ses enfants. Nous allons donc considérer votre offre d'acheter notre terre, mais cela ne sera pas facile, car cette terre, pour nous, est sacrée.

L'eau étincelante des ruisseaux et des fleuves n'est pas de l'eau seulement; elle est le sang de nos ancêtres. Si nous vous vendons notre terre, vous devrez vous souvenir qu'elle est sacrée et vous devrez l'enseigner à vos enfants, et leur apprendre que chaque reflet spectral de l'eau claire des lacs raconte le passé et les souvenirs de mon peuple. Le murmure de l'eau est la voix du père de mon père.

Les fleuves sont nos frères ; ils étanchent notre soif. Les fleuves portent nos canoës et nourrissent nos enfants. Si nous vous vendons notre terre, vous devrez vous souvenir que les fleuves sont nos frères et les vôtres, et l'enseigner à vos enfants, et vous devrez dorénavant leur témoigner la bonté que vous auriez pour un frère.

L'homme rouge a toujours reculé devant l'homme blanc, comme la brume des montagnes s'enfuit devant le soleil levant. Mais les cendres de nos pères sont sacrées. Leurs tombes sont une terre sainte; ainsi, ces collines, ces arbres, ce coin de terre sont sacrés à nos yeux. Nous savons que l'homme blanc ne comprend pas nos pensées. Pour lui, un lopin de terre en vaut un autre, car il est l'étranger qui vient de nuit piller la terre selon ses besoins. Le sol n'est pas son

PRIÈRES ET SAGESSE de tous les temps

frère, mais son ennemi, et quand il l'a conquis, il poursuit sa route. Il laisse derrière lui les tombes de ses pères et ne s'en soucie pas.

Vous devez enseigner à vos enfants que la terre, sous leurs pieds, est faite des cendres de nos grands-parents. Afin qu'ils la respectent, dites à vos enfants que la terre est riche de la vie de notre peuple. Apprenez à vos enfants ce que nous apprenons à nos enfants, que la terre est notre mère. Tout ce qui arrive à la terre arrive aux fils de la terre. Lorsque les hommes crachent sur la terre, ils crachent sur eux-mêmes.

Nous le savons : la terre n'appartient pas à l'homme, c'est l'homme qui appartient à la terre. Nous le savons : toutes choses sont liées comme le sang qui unit une même famille. Toutes choses sont liées.

Tout ce qui arrive à la terre arrive aux fils de la terre. L'homme n'a pas tissé la toile de la vie, il n'est qu'un fil de tissu. Tout ce qu'il fait à la toile, il le fait à lui-même. Mais nous allons considérer votre offre d'aller dans la réserve que vous destinez à mon peuple. Nous vivrons à l'écart et en paix. Qu'importe où nous passerons le reste de nos jours.

Nos enfants ont vu leurs pères humiliés dans la défaite. Nos guerriers ont connu la honte ; après la défaite, ils coulent des jours oisifs et souillent leur corps de nourritures douces et de boissons fortes. Qu'importe où nous passerons le reste de nos jours ?

PRIÈRES ET SAGESSE de tous les temps

Ils ne sont plus nombreux. Encore quelques heures, quelques hivers, et il ne restera plus aucun des enfants des grandes tribus qui vivaient autrefois sur cette terre, ou qui errent encore dans les bois, par petits groupes; aucun ne sera là pour pleurer sur les tombes d'un peuple autrefois aussi puissant, aussi plein d'espérance que le vôtre. Mais pourquoi pleurer sur la fin de mon peuple ?

Les tribus sont faites d'hommes, pas davantage. Les hommes viennent et s'en vont, comme les vagues de la mer. Même l'homme blanc, dont le Dieu marche avec lui et lui parle comme un ami avec son ami, ne peut échapper à la destinée commune. Peut-être sommes-nous frères malgré tout ; nous verrons. Mais nous savons une chose que l'homme blanc découvrira peut-être un jour : notre Dieu est le même Dieu.

Vous avez beau pensé aujourd'hui que vous le possédez comme vous aimeriez posséder notre terre, vous ne le pouvez pas. Il est le Dieu des hommes, et sa compassion est la même pour l'homme rouge et pour l'homme blanc.
La terre est précieuse à ses yeux, et qui porte atteinte à la terre couvre son créateur de mépris. Les blancs passeront, eux aussi, et peut-être avant les autres tribus. Continuez à souiller votre lit, et une belle nuit, vous étoufferez dans vos propres déchets. Mais dans votre perte, vous brillerez de feux éclatants, allumés par la puissance du Dieu qui vous a amenés dans ce pays, et qui, dans un dessein connu de lui, vous a donné pouvoir sur cette terre et sur l'homme rouge. Cette destinée est pour nous un mystère; nous ne comprenons pas lorsque tous les buffles sont massacrés, les chevaux sauvages domptés, lorsque les recoins secrets des forêts sont lourds de l'odeur d'hommes nombreux, l'aspect

PRIÈRES ET SAGESSE de tous les temps

des collines mûres pour la moisson est abîmé par les câbles parlants.
Où est le fourré ? Disparu. Où est l'aigle ? Il n'est plus. Qu'est-ce que dire adieu au poney agile et à la chasse ? C'est finir de vivre et se mettre à survivre.

Ainsi donc, nous allons considérer votre offre d'acheter notre terre. Et si nous acceptons, ce sera pour être bien sûrs de recevoir la réserve que vous nous avez promise. Là, peut-être, nous pourrons finir les brèves journées qui nous restent à vivre selon nos désirs. Et lorsque le dernier homme rouge aura disparu de cette terre, et que son souvenir ne sera plus que l'ombre d'un nuage glissant sur la prairie, ces rives et ces forêts abriteront encore les esprits de mon peuple. Car ils aiment cette terre comme le nouveau-né aime le battement du cœur de sa mère. Ainsi, si nous vous vendons notre terre, aimez-la comme nous l'avons aimée. Prenez soin d'elle comme nous en avons pris soin.

Gardez en mémoire le souvenir de ce pays, tel qu'il est au moment où vous le prenez. Et de toute votre force, de toute votre pensée, de tout votre cœur, préservez-le pour vos enfants et aimez-le comme Dieu vous aime tous.
Nous savons une chose : notre Dieu est le même Dieu. Il aime cette terre. L'homme blanc lui-même ne peut pas échapper à la destinée commune. Peut-être sommes-nous frères, nous verrons.

---

*Chef de la tribu amérindienne des Duwamish de l'état de Washington. Il vécut de 1786 à 1868. Il fût un grand guerrier et se distingua surtout par ce discours prononcé en 1854 à l'adresse du gouverneur Isaac Steven.

PRIÈRES ET SAGESSE de tous les temps

26- Prière amérindienne au soleil
Auteur inconnu

O grand pouvoir du Soleil !
Je suis en prière pour mon peuple
Afin qu'il soit heureux l'été
Et qu'il demeure vivant
Dans les rigueurs de l'hiver.

Nombreux sont ceux qu'affligent
Les maladies et la misère
Aie pitié d'eux et accorde leur de survivre
Qu'ils connaissant une longue vie
Et l'abondance.

Qu'il nous soit permis de
Nous mêler à ces cérémonies selon le rite
Que tu as enseigné à nos ancêtres dans les temps écoulés.

Si nous commettons des erreurs
Aie pitié de nous !

Aide nous, Ô Terre Mère,
Car nous comptons sur ta bonté
Fais descendre l'eau de la pluie sur nos prairies
Et dispense-nous une abondance de Baies sauvages
Etoile du Matin, lorsque tu tournes
Vers nous ton regard, envoie-nous le pain
Et le sommeil réparateur.

Grand Esprit, bénis nos enfants
Nos amis et nos hôtes, en nous
Donnant une vie heureuse

PRIÈRES ET SAGESSE de tous les temps

Que nos pistes s'étendent droites
Et plates devant nous
Et accorde-nous de vivre
Jusqu'à notre vieillesse
Nous sommes tous tes enfants
Et nous te demandons cela d'un cœur pur.

PRIÈRES ET SAGESSE de tous les temps

27- Hymne à Zeus*

Père Zeus,

Qui cours flamboyant dans les hauteurs,

Qui agites le Kosmos enflammé,
Brûlant de la splendeur éclatante de l'Aithèr,

Qui ébranles de tes tonnerres divins toute la demeure des bienheureux,

Qui marches répandant d'épais torrents de feu,

Qui roules les nuages, les pluies, la flamme ouranienne, les foudres terribles qui incendient tout, ailées, aux crinières hérissées, arme invincible ;

Qui jaillit du tonnerre,

Qui dévore tout dans les tourbillons impétueux d'un bruit immense, arme sûre, croyable et inexorable, flèche ouranienne et rapide de Zeus qui brûle,

Qui épouvante la terre et la mer, et

Qui terrifie les bêtes féroces quand elles l'entendent ; car, alors, tout resplendit, le tonnerre gronde dans les profondeurs de l'Aithèr, et

Tu lances la foudre qui déchire la voûte ouranienne !

PRIÈRES ET SAGESSE de tous les temps

Ô Bienheureux, ne frappe que les flots de la mer et le faîte des montagnes, car nous connaissons ta puissance. Reçois favorablement nos libations, accorde des dons heureux à nos esprits, des jours propices, la santé et une vie toujours joyeuse et telle que nous la souhaitons[18].

---

[18] Extrait des « Hymnes orphiques d'Hésiode, traduction de Leconte de Lisle.

*Dans la mythologie grecque, Zeus est le dieu des dieux. Il était le dieu du ciel, le très-haut qui provoque les éclairs, le tonnerre, et les intempéries. Le bien-être de la création dépendait de sa volonté.

PRIÈRES ET SAGESSE de tous les temps

28- Hymne à Déméter*

Déméter, mère de toutes choses, Daïmon aux mille noms parmi les Dieux, vénérable Déméter, qui nourris les jeunes hommes, dispensatrice des biens,

Déesse qui donnes les richesses, qui fais germer les épis, qui te réjouis de la paix et des travaux agrestes, qui ensemences et multiplies les moissons, qui habites les saintes profondeurs d'Éleusis, désirable, aimable, nourrice de tous les vivants,

Qui, la première, soumis au joug le cou des bœufs laboureurs, et donnas ainsi une vie heureuse et de nombreuses richesses aux hommes,

Qui fais croître la végétation, compagne de Dionysos, vénérable, splendide, chaste, qui te réjouis des faucilles en été, terrestre, qui apparais à tous les hommes et qui leur es bienveillante, féconde, vénérable,

Vierge aimant les jeunes vierges, donnant à ton char des couleuvres pour rênes, hurlant et errant par cercles immenses, née unique,

Déesse féconde, très-vénérée des mortels, et dont les nombreuses images sacrées sont toujours fleuries,

Viens, Bienheureuse, chaste, chargée des fruits de l'été ! Donne-nous la paix, la douce concorde, les richesses, et la santé qui l'emporte sur tout[19].

---

[19] Idem

PRIÈRES ET SAGESSE de tous les temps

29- Hymne à Hestia*

Mère des Immortels, honorée des Dieux,

Nourrice universelle, vénérable Déesse, toute-puissante, viens à nos prières, attelle à ton char rapide les lions tueurs de taureaux,

Reine du Pôle illustre, aux mille noms, vénérable, qui te tiens sur ton trône au centre du Kosmos, parce que tu commandes à la terre et que tu offres de doux aliments aux mortels !

C'est de toi qu'est sortie la race des Immortels et des mortels. Les fleuves te sont soumis et toute la mer est à toi, Hestia !

Et on te nomme la dispensatrice des richesses, parce que tu prodigues tous les biens aux mortels.

Viens à nos sacrifices, ô Vénérable, qui te réjouis des tympanons, qui domptes toutes choses, protectrice de la Phrygie,

…, Reine de l'Ouranos, ô Vénérable, source de la vie, amie de la fureur sacrée, viens, et sois-nous propice[20].

---

*Déesse de l'agriculture et de la moisson Dans la mythologie grecque. Elle représente la terre-mère ou la mère-terre. Les saisons que nous connaissons seraient dues, selon la légende, au fait qu'elle aurait négligé la terre pour errer à la recherche de sa fille Perséphone, enlevée par Hadès, le dieu des enfers.
[20] Idem

*Déesse du foyer et du feu sacré dans la mythologie grecque.

PRIÈRES ET SAGESSE de tous les temps

30- Hymne à Aphrodite*

Ouranienne, célébrée par mille hymnes,

Aphrodite qui aimes les sourires, née de l'écume,

Déesse génératrice, qui te plaît dans la nuit noire, vénérable, nocturne, qui unis, pleine de ruses, mère de la nécessité, toutes les choses sortent de toi, car tu as soumis le Kosmos et tout ce qui est dans l'Ouranos et dans la mer profonde et sur la terre fertile, ô Vénérable !

Conseillère de Bakkhos,

Qui te réjouis des couronnes et des noces, mère des Érôs,

Qui aimes les lits nuptiaux, qui accordes en secret la grâce, visible et invisible, aux beaux cheveux, Louve porte-sceptre des Dieux, génératrice,

Qui aimes les hommes, très-désirable dispensatrice de la vie,

Qui unis les vivants par des nécessités invincibles et qui saisis, à l'aide de tes charmes, d'un désir furieux, la race innombrable des bêtes sauvages, viens,

Déesse née dans Kypros, sois-nous favorable, belle Reine, soit que tu souries dans l'Olympos,

Soit que tu parcoures tes demeures dans la Syrie qui abonde en encens,

PRIÈRES ET SAGESSE de tous les temps

Soit que, sur tes chars ornés d'or, tu visites les rives fertiles du fleuve Aigyptos ;

Soit que, sur les hauteurs qui dominent l'onde marine, tu te réjouisses des danses circulaires des hommes, ou que tu te plaises, sur la terre divine et dans ton char rapide, au milieu des Nymphes aux yeux bleus, le long des sables du rivage ;

Soit que, dans la royale Kypros qui t'a nourrie, les belles vierges et les nouvelles mariées,

Ô Bienheureuse, te célèbrent par leurs hymnes, toi et l'ambrosien Adonis, viens, ô belle et très-désirable Déesse ! Je t'invoque avec un cœur innocent et par des paroles sacrées[21].

---

[21] Idem.

*Déesse de l'amour et de la sexualité dans la mythologie grecque. Elle serait sortie de la mer sur une plage de l'île de Chypre.

31- Hymne à Athéna*

Écoute-moi,

Ô toi dont le visage rayonne de pures clartés,

Donne-moi un paisible refuge, à moi qui suis errant sur cette terre.

Donne à mon âme les pures lumières qui brillent dans tes paroles sacrées.

Donne-moi la sagesse et l'amour, et souffle à cet amour la force, toute la force qui, du sein des terrestres vallées, m'enlèvera vers l'olympe jusqu'aux demeures du Père excellent. Et si quelque faute honteuse pèse sur ma vie (car combien sont nombreuses, combien diverses les actions impies que je commets, insensé que je suis, ma conscience troublée me le dit assez), pardonne-moi, déesse miséricordieuse et tutélaire ; ne permets pas que les châtiments redoutables me dévorent comme une proie, moi qui, prosterné contre terre, implore la grâce de t'appartenir.

Donne à mon corps, à mes membres une santé puissante, inaltérable ; éloigne de moi l'essaim des maladies aiguës qui épuisent la chair.

Oui, je t'en conjure, ô souveraine !

Calme de ta main divine la violence de mes sombres douleurs.

PRIÈRES ET SAGESSE de tous les temps

Au navigateur qui traverse la vie n'envoie que les souffles les plus doux. Donne-lui l'hyménée, des enfants, la gloire, le bonheur, l'aimable sérénité, l'éloquence, l'amitié et son doux langage, la vive intelligence, la force contre le malheur, un haut rang dans la cité.

Exauce, exauce-moi, ô ma reine !

Je viens à toi chargé de prières, parce qu'une cruelle nécessité me presse ; prête à ma voix une oreille favorable[22].

---

[22] Extrait de « Les derniers jours de la théologie païenne » de Charles Lévêque.

*Dans la mythologie grecque Athéna est la déesse de la guerre et de la sagesse.

32- Hymne à tous les dieux
Proclus

Exaucez-moi, ô Dieux, vous qui tenez la barre du gouvernail de la sagesse sacrée, et qui, en allumant dans les âmes des hommes la flamme du retour, les ramenez parmi les Immortels, en leur donnant, par les initiations indicibles des hymnes, de pouvoir s'évader de la caverne obscure et de se purifier.

Exaucez-moi, puissants libérateurs.

Accordez-moi, par l'intelligence des livres divins et en dissipant l'obscurité qui m'entoure, une lumière pure et sainte, afin que je puisse exactement connaître le dieu incorruptible et l'homme que je suis.

Que jamais, en m'accablant de maux, ne me retienne indéfiniment captif sous les flots de l'oubli et ne m'éloigne des Dieux, un génie malfaisant !

Que jamais une expiation terrifiante n'enchaîne, dans les prisons de la vie, mon âme tombée dans les flots glacés de la génération, et qui ne veut pas trop longtemps y errer !

Vous donc, ô Dieux, souverains de l'éblouissante sagesse, exaucez-moi, et révélez à celui qui se hâte sur le sentier ascendant du retour, les saints délires et les initiations qui sont au cœur des paroles sacrées[23] !

---

[23] Extrait de « Prières aux Dieux des oracles chaldaïques ». Traduction de Henry D. Saffrey.

PRIÈRES ET SAGESSE de tous les temps

33- Hymne au Soleil
Proclus

Entends ma prière, roi du feu intellectuel, Titan aux rênes d'or !

Entends ma prière, maître de la lumière !

Tu détiens, seigneur, la clef de la source de vie et,
Dans les mondes matériels, tu fais couler un précieux ruisseau d'harmonie céleste.

Entends ma prière !

Ta demeure est centrale, au-dessus de l'éther,
Tu es, cercle lumineux, le cœur du monde et tu as tout comblé de ton éveilleuse providence.

Ceintes de ton feu toujours vif, les planètes dansent sans fatigue ni relâche
Et jettent aux habitants de la terre leurs gouttelettes vitales.
Toute vie reverdit selon la loi des saisons, qui rythme leur retour éternel.

Cesse le fracas des éléments qui s'entrechoquent, quand tu parais,
Toi qui naquis du Père indicible !

Devant toi, le chœur inébranlable des Moires se retire,
Le fil de la destinée tourne à l'envers dès que tu le veux,

---

*Philosophe grec né en l'an 412 et mort en 485 ap. J.C. Il fut influencé par la doctrine de Platon. Il pratiqua et enseigna la théurgie. Il s'exila d'Athènes persécuté par les chrétiens.

PRIÈRES ET SAGESSE de tous les temps

Car par-dessus tout, tu décides et par-dessus tout, tu règnes en maître.

De ta chaîne a jailli Phébus, roi de la divine musique.
Au son de la cithare, il chante merveilleusement et apaise l'énorme vague mugissante de la génération.

Doux présent de ton thiase protecteur, naquit Péon qui dispense la santé et emplit le vaste monde d'une harmonie balsamique.

Toi, glorieux père de Dionysos,
Toi, Evoé-Attis, dans les ultimes gouffres de la matière,
Et toi, délicat Adonis,
D'autres ont chanté votre gloire !

De ton fouet cinglant, les farouches démons nuisibles aux hommes craignent la menace.

Ils sont pour nos âmes affligées, cause de malheur,
Car ils veulent les enfermer dans les abysses tumultueux de la vie,
Les voir souffrir dans un corps et en désirer le joug, oubliant ainsi la haute demeure éclatante du Père.

Alors toi, Dieu suprême, couronné de feu, toi bienheureuse idole, image du dieu qui crée toute chose et exalte les âmes,
Entends ma prière et purifie-moi toujours de toute faute.
Accueille la supplique de mes larmes !

Eloigne de moi les misérables souillures !

PRIÈRES ET SAGESSE de tous les temps

Protège-moi des Punisseuses et adoucis le regard aigu de Diké la surveilleuse !

Dissipe la nuée pestilentielle, funeste aux mortels,
Accorde à mon âme le secours de ta pure lumière et
A mon corps la brillante santé aux dons éclatants.
Elève-moi jusqu'à la gloire !
Que comme mes ancêtres, je sois sensible aux dons des Muses aux adorables tresses !

Si tu veux bien que je connaisse l'inébranlable bonheur d'une aimable piété,
Donne, seigneur !

Grâce à ton infinie puissance, tu peux facilement tout accomplir.

Si les fuseaux des Moires, qui tournent, entraînés par la ronde des astres,
M'amenaient quelque malheur,
Eloigne-le d'un trait[24] !

---

[24] Extrait des « Hymnes orphiques, traduction de Ernest Falconnet
*Proclus, philosophe néoplatonicien (412 – 485)

34- Hymne à la nature
*Homère**

Nature toute-puissante, habile et sachant toutes choses, ouvrière majestueuse, reine superbe, victorieuse et invincible, vivante pour tous, la plus honorable, la plus magnifique de toutes les choses ;

Vierge née la première, vierge éternelle, force toute-puissante qui guides dans la nuit les étoiles des cieux,

Vierge dont les pieds rapides ne posent à terre que des traces légères ;

Toi qui ornes les cieux, fin infinie de toutes choses, commune à tous et inconnue dans tes secrètes profondeurs, née de toi-même sans père, illustre par tes vertus ;

Divinité merveilleuse et fleurie qui portes en toi toutes les divinités ;

Divinité qui produis et nourris tout, qui habites le ciel et la terre et qui imposes encore tes lois aux ondes toutes-puissantes, toujours redoutable aux méchants et toujours amie des justes ;

Reine toute-puissante, victorieuse, éternelle ;

Déesse des jeunes gens et des hommes ; père et mère de tous, nourricière bienfaisante ;

PRIÈRES ET SAGESSE de tous les temps

Toute-puissante et bienheureuse déesse, perfection de toutes choses, sagesse universelle qui te meut régulièrement dans l'univers ; Honorable et majestueuse déesse qui prends toutes les formes, qui dictes des lois aux mortels et qui fais courber sous ton sceptre la tête des rois ;

Reine intrépide, dominatrice universelle, fleur de la vie éternelle, immortelle déesse, toi seule es tout, car toi seule produis toutes choses.

Je te supplie, toi et les Saisons bienveillantes, de me donner la paix et la santé et d'accroître toutes choses[25].

---

[25] Idem.

*Poète épique grec du 8ᵉ siècle av. J.C., auteur de l'Iliade et de l'Odyssée.

PRIÈRES ET SAGESSE de tous les temps

35- Hymne à la terre
Homère*

Je célébrerai la Terre solide, mère antique de toutes choses, nourrice de tous les êtres épars sur le monde.

Ils vivent tous de vos largesses, qu'ils rampent sur le sol, qu'ils habitent la mer ou qu'ils volent dans les airs.

C'est par vous, déesse vénérable, que les hommes ont une nombreuse famille et qu'ils jouissent des fruits abondants, car c'est vous qui donnez et soutenez la vie des faibles mortels.

Ceux que vous honorez sont heureux : toutes choses leur sont accordées avec largesse.

Leurs champs sont couverts de moissons, leurs troupeaux se multiplient dans les pâturages ; leurs maisons regorgent de biens ; leurs villes fécondes en belles femmes obéissent à de sages lois ; partout la richesse et la félicité les accompagnent.

Ô déesse auguste, divinité bienfaisante ! La jeunesse et les plaisirs animent les enfants de ceux que vous protégez. Leurs jeunes filles joyeuses forment des chœurs, et, couronnées de roses, conduisent leurs danses dans les prairies couvertes de fleurs.

PRIÈRES ET SAGESSE de tous les temps

Salut, Ô mère des dieux ! Épouse du ciel étoilé, daignez, dans votre bienveillance pour mes chants, m'accorder une vie heureuse ; je ne vous oublierai jamais[26].

---

[26] Idem

36- Prière de Pythagore*

« Bénis-nous, nombre divin ; toi qui as engendré les dieux et les hommes !

Ô sainte, sainte Tétraktys ! Toi qui contiens la racine et la source du flux éternel de la création ! Car le nombre divin débute par l'unité pure et profonde et atteint ensuite le quatre sacré ; ensuite il engendre la mère de tout, qui relie tout, le premier-né, celui qui ne dévie jamais, qui ne se lasse jamais, le Dix sacré, qui détient la clef de toutes choses ».

---

*Philosophe grec ayant vécu de 580 à 495 avant JC. Occultiste, ésotériste et réformateur religieux, il fut considéré par certains comme le messie de son époque. Sa devise était : « Suis Dieu ». Il fut athlète, musicien, thérapeute, mathématicien. On le considère comme le fondateur de la science politique. Le pentagramme fut son symbole sacré.

PRIÈRES ET SAGESSE de tous les temps

37- **Pensées de Pythagore**

Ne parle et n'agis point sans avoir réfléchi, sois juste, souviens-toi qu'un pouvoir invincible ordonne de mourir ; que les biens, les honneurs, facilement acquis, sont faciles à perdre. Et quant aux maux qu'entraine avec soi le destin, juge-les ce qu'ils sont : supporte-les ; et tâche, autant que tu pourras, d'en adoucir les traits : les dieux aux plus cruels n'ont pas livré les sages.

Si la terre te donne de belles moissons et de beaux fruits, ne lui demande pas des pierres et des métaux : ne désosses point ta nourrice.

Mortel incorrigible ! Ne fouille pas les entrailles de la terre : ce qu'elle renferme doit y rester.

Homme qui désire être propre ! Le soin de ta santé est presque une vertu : du moins que ce soit l'un de tes premiers devoirs ! Quand le corps n'est pas sain, l'âme se porte mal.

Orgueilleux mortel ! Ton âme n'est qu'un peu d'air et ton corps que cendres en puissance ! N'oublie jamais qu'il ne restera rien de toi !

Homme ! Mets de bonne heure tes passions au régime. Que ton cœur soit sobre ainsi que ta bouche, afin de vivre longuement.

Evite les accès de colère : cette passion ressemble aux tremblements de terre ; par ses secousses violentes, elle ébranle tout l'édifice du corps.

PRIÈRES ET SAGESSE de tous les temps

Homme ! Prends femme dont tu puisses dire : « j'aurais pu la choisir plus belle mais non meilleure ! »

Homme ! Défie-toi de la femme qui change la couleur de ses cheveux même si c'est davantage pour te plaire.

Homme d'État ! Songe à faire distribuer à tous la nourriture et l'instruction en même temps, car l'une ne peut aller sans l'autre !

Ne célèbre point de fêtes qui durent des jours entiers : le travail est une offrande à Dieu !

Philosophe ! La vérité veut que tu donnes a la divinité seule la qualification sublime de vierge-mère, même si la raison te fait l'appeler « nature » !

Jeune homme ! Un vieillard t'appelle ; retourne sur tes pas quand bien même tu serais attendu par la femme qui te plaît.

Magistrat ! N'abandonne point au prêtre le soin de tenir le calendrier : le nombre de fêtes serait infini !

Citoyen ! Tu seras toujours plus à ton aise chez toi, même si c'est étroit que dans la maison d'un autre. Ta liberté n'a pas de prix !

Homme avisé ! N'arrête point l'homme qui conduit une charrue : si tu as à te plaindre d'un laboureur, attends, pour lui demander raison qu'il ait fini sa tâche.

PRIÈRES ET SAGESSE de tous les temps

Ne crains pas Dieu, crains les hommes : eux ils sont aveugles.

Débiteur ! Abstiens-toi de la bienfaisance tant qu'il te reste une dette à payer.

Ne forcez personne d'adorer vos idoles : Dieu, plus tolérant que vous, veut de libres hommages.

Homme sage ! Ne vois dans ton ennemi qu'un ami égaré.

Homme généreux ! N'accepte rien de celui à qui tu crois devoir refuser ton estime. Ta conscience restera en repos.

Homme sage ! Ne redoute pas la calomnie, le faux n'ayant aucune prise sur la vérité.

Mère de famille ! Nourris toi-même tes enfants car Dieu ayant rassemblé toutes les perfections en ton sein, cela t'engage à fournir son lait à ton nouveau-né en signe d'assentiment au lien t'unissant au ciel.

Enfant du peuple ! Ne ris point en passant devant celui qui pleure et ne raille pas non plus les infortunés ; tu pourrais un jour être à leur place et chercher du réconfort !

Philosophe ! Sois à la recherche de toutes les vérités, mais si tu les trouves, ne les divulgue point à tout le monde !

Soyez sobres en ayant toujours à l'esprit qu'à mesure que le vin y entre, la raison en sort[27].

---

[27] Extrait du « Byblion de Pythagore » par Albert Slosman.

38- De la création du monde
*Platon**

De là vient que Dieu, commençant la construction du Corps du Monde, a débuté, pour le former, par prendre du feu et de la terre.

Mais, que deux termes forment seuls une belle composition, cela n'est pas possible, sans un troisième.

Car il faut qu'au milieu d'eux, il y ait quelque lien qui les rapproche tous les deux.

Or, de toutes les liaisons, la plus belle est celle qui se donne à elle-même et aux termes qu'elle unit l'unité la plus complète.

Et cela, c'est la proportion qui naturellement le réalise de la façon la plus belle.

Car, lorsque de trois nombres, soit linéaires, soit plans quelconques, celui du milieu est tel que, ce que le premier est par rapport à lui, ce moyen lui-même le soit par rapport au dernier ; et inversement, quand il est tel que, ce que le dernier est par rapport au moyen, le moyen le soit par rapport au premier, le moyen devenant alors à la fois premier et dernier, le premier et le dernier devenant tous deux moyens à leur tour, il arrive ainsi nécessairement que tous les termes aient la même fonction, que tous jouent les uns par rapport aux autres le même rôle, et dans ce cas tous forment une unité parfaite.

PRIÈRES ET SAGESSE de tous les temps

Si donc le corps du Monde avait dû être un plan n'ayant aucune épaisseur, une médiété unique eût suffi à la fois à se donner l'unité et à la donner aux termes qui l'accompagnent.

Mais, en fait, il convenait que ce corps fût solide, et, pour harmoniser des solides, une seule médiété n'a jamais suffi : il en faut toujours deux.

Ainsi, le Dieu a placé l'air et l'eau au milieu, entre le feu et la terre, et il a disposé ces éléments les uns à l'égard des autres, autant qu'il était possible dans le même rapport, de telle sorte que ce que le feu est à l'air, l'air le fût à l'eau, et que ce que l'air est à l'eau, l'eau le fût à la terre.

De la sorte, Il a uni et façonné un Ciel à la fois visible et tangible.

Par ces procédés et à l'aide de ces corps ainsi définis et au nombre de quatre, a été engendré le corps du Monde.

Accordé par la proportion, il tient de ces conditions, l'Amitié, si bien que, revenant sur lui-même en un seul et même tout, il a pu naître indissoluble par toute autre puissance que par celle qui l'a uni.

Le Monde, sphérique, se suffit et contient tous les corps or, de ces quatre corps, l'organisation du Monde a absorbé chacun en totalité.

En effet, c'est de tout le feu, de toute l'eau, de tout l'air, de toute la terre, que l'a composé son constructeur, et il n'a laissé en dehors du Monde, aucune portion d'aucun élément, ni aucune qualité.

Et il a ainsi combiné, d'abord pour que le Tout fût autant que possible un Vivant parfait, formé de parties parfaites, et en outre pour qu'il fût unique, rien ne demeurant dont pût naître un autre vivant de même sorte, et enfin pour qu'il fût exempt de vieillesse et de maladies.

Car il savait bien que dans un corps composé, les substances chaudes et froides et d'une manière générale toutes celles qui possèdent des propriétés énergiques, lorsqu'elles entourent ce composé du dehors et s'y appliquent hors de propos, le dissolvent, y introduisent les maladies et la vieillesse et ainsi le font périr.

Voilà pour quelles causes et suivant quel calcul le Dieu a façonné ce Tout unique, à l'aide de tous les Touts absolument et l'a rendu parfait et inaccessible à la vieillesse et aux maladies.

Quant à sa figure, il lui a donné celle qui lui convient le mieux et qui a de l'affinité avec lui.

Or, au Vivant qui doit envelopper en lui-même tous les vivants, la figure qui convient est celle qui comprend en elle-même toutes les figures possibles.

C'est pourquoi le Dieu a tourné le Monde en forme sphérique et circulaire, les distances étant partout égales, depuis le centre jusqu'aux extrémités.

PRIÈRES ET SAGESSE de tous les temps

C'est là de toutes les figures la plus parfaite et la plus complètement semblable à elle-même.

En effet, le Dieu pensait que le semblable est mille fois plus beau que le dissemblable.

Quant à toute sa surface extérieure, il l'a très exactement polie et arrondie et cela pour plusieurs raisons. En effet, d'abord, le Monde n'avait nullement besoin d'yeux, car il ne restait rien de visible hors de lui, ni d'oreilles, car il ne restait non plus rien d'audible.

Et nulle atmosphère ne l'entourait qui eût exigé une respiration. Il n'avait non plus besoin d'aucun organe soit pour absorber sa nourriture, soit pour rejeter celle qu'il aurait d'abord assimilée.

Car, rien n'en pouvait sortir, rien n'y pouvait entrer, de nulle part – puisqu'en dehors de lui, il n'y avait rien. En effet, c'est le Monde lui-même qui se donne sa propre nourriture, par sa propre destruction.

Toutes ses passions et toutes ses opérations se produisent en lui, par lui-même, suivant l'intention de son auteur, car celui qui l'a construit a pensé qu'il serait meilleur s'il se suffisait à lui-même que s'il avait besoin d'autre chose.

De mains, pour saisir ou pour écarter quelque chose, il n'avait nul emploi, et l'artiste a pensé qu'il n'avait pas besoin de lui adapter ces membres superflus, ni de pieds, ni généralement d'aucun appareil approprié à la marche.

En effet, il lui a donné le mouvement corporel qui lui convenait, celui des sept mouvements qui concerne principalement l'intellect et la réflexion.

C'est pourquoi, lui imprimant sur lui-même une révolution uniforme, dans le même lieu, il l'a fait se mouvoir d'une rotation circulaire ; il l'a privé des six autres mouvements et il l'a empêché d'errer par eux.

Et, comme, pour cette révolution, le Monde n'avait aucunement besoin de pieds, il l'a fait naître sans jambes, ni pieds.

Tel fut donc dans son ensemble, le calcul du Dieu qui est toujours, à l'égard du Dieu qui devait naître un jour.

En vertu de ce calcul, il en fit un corps poli, partout homogène, égal de toutes parts, depuis son centre, un corps complet, parfait, composé de corps parfaits.

Quant à l'Âme, l'ayant placée au centre du corps du Monde, il l'étendit à travers le corps tout entier et même au-delà de lui et il en enveloppa le corps.

Il forma ainsi un Ciel circulaire, ciel unique, solitaire, capable, par sa vertu propre, de demeurer en soi-même, sans avoir besoin de rien autre, mais se connaissant et s'aimant lui-même suffisamment.

Et par tous ces moyens, il l'engendra, Dieu bienheureux.

Mais, cette Âme dont nous entreprenons maintenant de parler après le corps, le Dieu n'en a point ainsi formé le mécanisme, à une date plus récente que celui du corps.

Car, en le composant, il n'eût pas toléré que le terme le plus ancien fût soumis au plus jeune. Sans doute, nous qui participons grandement du hasard, il est normal que nous parlions ici un peu au hasard.

Mais le Dieu, lui, a formé l'Âme avant le corps : il l'a faite plus ancienne que le corps par l'âge et par la vertu, pour commander en maîtresse et le corps pour obéir. Voici de quels éléments et de quelle façon.

De la substance indivisible et qui se comporte toujours d'une manière invariable, et de la substance divisible qui est dans les corps, il a composé entre les deux, en les mélangeant, une troisième sorte de substance intermédiaire comprenant et la nature du même et celle de l'autre.

Et ainsi, il l'a formée, entre l'élément indivisible de ces deux réalités et la substance divisible des corps. Puis, il a pris ces trois substances et les a combinées toutes trois en une forme unique, harmonisant par force avec le même, la substance de l'Autre qui se laissait difficilement mêler.

Il a mélangé les deux premières avec la troisième et des trois en a fait une seule.

Puis, ce tout, il l'a partagé en autant de portions qu'il convenait, chacune d'elles étant mêlée de même, d'autre et de cette [troisième] substance susdite.

PRIÈRES ET SAGESSE de tous les temps

Il a commencé le partage ainsi qu'il suit. En premier lieu, il a séparé du mélange total une portion. Ensuite il a pris une seconde portion double de celle-là ; puis une troisième portion égale à une fois et demie la seconde et à trois fois la première ; une quatrième double de la seconde : une cinquième triple de la troisième ; une sixième égale à huit fois la première ; une septième égale à vingt-sept fois la première.

Après cela, il a comblé les intervalles doubles et triples, détachant encore des portions du mélange primitif et les disposant entre ces parties-là, de telle sorte que, dans chaque intervalle, il y eût deux médiétés.

La première surpasse les extrêmes ou est surpassée par eux d'une même fraction de chacun d'eux.
La seconde surpasse les extrêmes d'une quantité égale à celle dont elle est elle-même surpassée.

De ces relations naissent dans les intervalles ci-dessus désignés, des intervalles nouveaux de un plus un demi, un plus un tiers, un plus un huitième.

À l'aide de l'intervalle de un plus un huitième, le Dieu a comblé tous les intervalles de un plus un tiers, laissant subsister de chacun d'eux une fraction telle que l'intervalle restant fût défini par le rapport du nombre deux cent cinquante-six au nombre deux cent quarante-trois.

Et ainsi, le mélange dans lequel il avait fait ces divisions, il put l'employer tout entier.

PRIÈRES ET SAGESSE de tous les temps

Or, toute cette composition, le Dieu la coupa en deux dans le sens de la longueur, et ayant croisé les deux moitiés l'une sur l'autre, en faisant coïncider leurs milieux, comme un Khi, il les courba pour les joindre en cercle, unissant entre elles les extrémités de chacune, au point opposé à leur intersection.

Il les enveloppa du mouvement uniforme qui tourne dans le même lieu, et, des deux cercles, il fit l'un extérieur, l'autre intérieur, le mouvement du cercle extérieur, il le désigna pour être le mouvement de la substance du Même ; celui du cercle intérieur pour être celui de la substance de l'Autre.

Le mouvement du Même, il l'orienta suivant le côté d'un parallélogramme, de la gauche vers la droite, celui de l'Autre, suivant la diagonale, de la droite vers la gauche.

Et il donna la prééminence à la révolution du Même et du semblable, car seule il la toléra sans division.

Au contraire, ayant six fois divisé la révolution intérieure, il fit sept cercles inégaux, suivant les intervalles doubles et suivant les intervalles triples, chacun à chacun, de telle façon qu'il y en eût trois de chaque sorte.

Il commanda à ces cercles d'aller en sens contraire les uns des autres et il voulut que trois d'entre eux fussent mus avec des vitesses égales, et les quatre autres avec des vitesses différentes à la fois les unes des autres et de celles des trois premiers, mais, toujours selon des rapports réguliers.

PRIÈRES ET SAGESSE de tous les temps

Quand toute la construction de l'Âme eut été réalisée au gré de son auteur, celui-ci étendit ensuite à l'intérieur de cette Âme tout ce qui est corporel, et faisant coïncider le milieu du corps et le milieu de l'Âme, il les mit en harmonie.

Ainsi l'Âme, étendue dans toutes les directions, depuis le milieu jusqu'aux extrémités du ciel, l'enveloppant en cercle du dehors, et tournant en cercle sur elle-même en elle-même, commença d'un commencement divin, sa vie inextinguible et raisonnable, pour toute la durée des temps. Et ainsi naquirent, d'une part le corps visible du Ciel, et de l'autre, invisible, mais participant au calcul et à l'harmonie, l'Âme la plus belle des réalités engendrées par le meilleur des êtres intelligibles qui sont éternellement[28].

---

[28] Extrait du « Timée de Platon » ; traduction d'Albert Rivaud.

*Philosophe grec né en 427 avant Jésus-Christ, mort en 347, il reçut sa formation de Socrate puis d'Euclide. Il s'intéressa à la doctrine de Pythagore, il aurait voyagé en Égypte et en perse. Il fut l'un des plus grands philosophes grecs.

39- Prière d'Apollonios de Tyane*

Accordez-moi, ô dieux, de posséder peu et de ne désirer rien.

Je prie pour que la justice règne, et que les lois soient respectées ;

Pour que les sages soient pauvres et les autres riches par des moyens honnêtes.

---

*Apollonios de Tyane a vécu en l'an 1 de notre ère. Il fut un contemporain de Jésus. Prédicateur et thaumaturge, il fut influencé par l'enseignement de Pythagore. On lui a attribué de nombreux miracles.

40- Conseil d'Appolonios de Tyane à l'empereur Vespasien

Ne comptez pour rien l'argent amassé.

En quoi vaut-il plus que le sable amoncelé par le hasard ? Ne comptez pour rien non plus l'argent prélevé par les lourds impôts qui écrasent le peuple : l'or qui vient des larmes est vil et maudit.

Mieux qu'aucun roi vous emploierez vos richesses, si vous secourez ceux qui sont dans le besoin, et si vous laissez les riches jouir en paix de leurs biens[29].

---

[29] Extrait de « Appolonius de Tyane, sa vie, ses voyages, ses prodiges » ; de Philostrate L'Athénien.

41- Consolations à Valérius

Personne ne meurt, si ce n'est en apparence, de même que personne ne naît si ce n'est en apparence. En effet, le passage de l'essence à la substance, voilà ce que l'on a appelé naître; et ce que l'on a appelé mourir, c'est au contraire, le passage de la substance à l'essence.

Rien ne naît, rien ne meurt en réalité : mais tout paraît d'abord pour devenir ensuite invisible ; ce premier effet est produit par la densité de la matière, le second par la subtilité de l'essence qui reste toujours la même, mais qui est tantôt en mouvement, tantôt au repos.

Elle a cela de propre dans son changement d'état, que ce changement ne vient pas de l'extérieur : le tout se subdivise en ses parties, ou les parties se réunissent en un tout, l'ensemble est toujours un.

Quelqu'un dira peut-être : qu'est-ce qu'une chose qui est tantôt visible, tantôt invisible, qui se compose des mêmes éléments ou d'éléments différents ?

On peut répondre : telle est la nature des choses ici-bas que, lorsqu'elles sont massées, elles paraissent en raison de la résistance de leur masse ; au contraire, lorsqu'elles sont espacées, leur subtilité les rend invisibles ; la matière est nécessairement renfermée ou répandue hors du vase éternel qui la contient, mais elle ne naît, ni ne meurt.

Comment donc une erreur aussi grossière que celle-ci a-t-elle subsisté si longtemps ?

PRIÈRES ET SAGESSE de tous les temps

C'est que certaines personnes s'imaginent avoir été actives alors qu'elles ont été passives : elles ne savent pas que les parents sont les moyens et non les causes de ce qu'on appelle la naissance des enfants, comme la terre fait sortir de son sein les plantes, mais ne les produit pas.

Ce ne sont pas les individus visibles qui se modifient, mais la substance universelle qui se modifie en chacun d'eux.

Et cette substance, quel autre nom lui donner que celui de substance première ?

C'est elle seule qui est et devient, dont les modifications sont infinies, c'est le Dieu éternel dont on oublie à tort le nom et le visage pour ne voir que les noms et les visages de chaque individu.

Mais ce n'est rien encore.

On pleure lorsqu'un individu devient dieu, non par un changement de nature, mais par un changement d'état.

Eu égard à la vérité, il ne faut pas déplorer la mort, mais au contraire, l'honorer et la vénérer.

Or quelle est la marque d'honneur la plus convenable et la plus digne ?

C'est de laisser à Dieu ceux qui sont entrés dans son sein et, de commander aux hommes qui vous sont confiés, ainsi que vous le faisiez auparavant.

PRIÈRES ET SAGESSE de tous les temps

Ce serait une honte pour vous si, le temps et, non le raisonnement, vous rendait plus ferme : car le temps efface les chagrins, même ceux des moins philosophes.

Ce qu'il y a de plus illustre sur la terre, c'est un grand pouvoir ; et, parmi ceux qui jouissent d'un grand pouvoir, le plus recommandable est celui qui se commande à lui-même, en premier. Est-il conforme au respect qu'on doit à Dieu de se plaindre de la volonté de Dieu ?

S'il y a un ordre dans l'univers (or, sans conteste, il y en a un) et si, cet ordre est réglé par Dieu, le juste ne désirera pas les bonheurs qu'il n'a pas : un tel désir découle d'une préoccupation égoïste et contraire à l'ordre; mais il estimera comme un bonheur tout ce qui lui arrivera.

Avancez dans la sagesse et, songez à guérir votre âme : rendez la justice et corrigez les coupables ; tout cela vous fera oublier vos larmes.

Vous ne devez pas penser à vous avant de penser au public : c'est le contraire que vous devez faire. Quels sujets de consolation n'avez-vous pas ! Tout le peuple a pleuré avec vous votre fils. Ne ferez-vous pas, à votre tour, quelque chose pour le peuple ? Ce que vous devez faire pour lui, c'est de ne pas aller plus loin dans votre douleur et, d'y mettre fin avant lui.

Vous dites n'avoir pas d'amis ; mais il vous reste un fils. Et, celui que vous croyez avoir perdu, ne vous reste-t-il pas ? Il vous reste dira tout homme sensé.

PRIÈRES ET SAGESSE de tous les temps

En effet, ce qui est ne saurait périr; car ce qui est doit être toujours; ou bien il faut croire que le non-être puisse passer à l'être. Comment cela se pourrait-il, alors que l'être ne passe point au non-être.

Ce n'est pas tout. Un autre vous dira que vous manquez au respect de Dieu et, que vous êtes injuste. Oui, vous manquez au respect de Dieu et, vous êtes injuste envers votre fils ou, plutôt vous manquez de respect envers lui.

Voulez-vous savoir ce qu'est la mort ?

Faites-moi périr aussitôt après le dernier mot que je prononce : à t'instant même privé de mon enveloppe matérielle, je suis plus puissant que vous.

Vous avez pour vous consoler le temps, et une femme sérieuse qui vous aime, vous avez également tous les biens de la vie.

C'est à vous de demander le reste à vous-même. Un ancien Romain afin de sauver la loi et le respect du commandement, mit son fils à mort.

Il le fit, ayant une couronne sur la tête. Cinq cents villes sont soumises à votre empire, vous êtes le plus illustre des Romains; et pourtant, vous vous mettez dans un état à ne pouvoir bien administrer votre maison, bien loin de pouvoir gouverner des villes et des peuples. Si Apollonius était auprès de vous, il persuaderait Phabulla même de cesser de pleurer[30].

---

[30] Extrait de « Lettre d'Apollonius de Tiane » Traduction de Alex Chassang.

PRIÈRES ET SAGESSE de tous les temps

42- Conseils de morale pratique d'Isocrate*

Elevé en dignité, n'emploie pas le ministère d'un méchant ; car le mal qu'il ferait te serait imputé. Sors des charges publiques, non pas plus riche, mais plus estimé.

Les grandes richesses ne valent point l'estime des peuples. Ne sois ni le complice ni le défenseur d'une mauvaise action ; car on te croira capable de faire ce dont tu auras facilité l'exécution à d'autres.

Mets-toi en état d'obtenir la supériorité, et sache cependant te contenir dans les bornes de l'égalité ; afin de paraître aimer la justice, non par impuissance, mais par modération. Préfère une pauvreté vertueuse à une opulence criminelle ; car la justice l'emporte d'autant plus sur les richesses, que celles-ci ne nous servent que pendant notre vie, au lieu que la justice procure la gloire, même après notre mort.

Les richesses se partagent d'ailleurs avec les méchants, qui ne sauraient prétendre à la justice.

N'envie point le sort de ceux que des voies injustes ont enrichis ; préfère ceux qui ont souffert pour la justice.

Lors même que les gens de bien n'auraient aucun autre avantage sur les méchants, ils auraient, au moins, de plus qu'eux, de bonnes espérances.

Sois attentif à tous les détails de ta vie, mais surtout cultive en toi les qualités morales car le plus grand des biens est un esprit sain dans un corps mortel.

PRIÈRES ET SAGESSE de tous les temps

Essaie d'être, physiquement, ami de l'effort et moralement ami de la sagesse afin de pouvoir, d'un côté, réaliser tes volontés et, de l'autre, prendre le bon parti.

Quoi que tu doives dire, commence par réfléchir, car, chez trop de gens, la langue précède la pensée.

Ne cherche que deux occasions de parler : de ce que tu sais bien et de ce qu'il est nécessaire de dire. Dans ces deux cas seuls, la parole est préférable au silence ; dans tous les autres, mieux vaut se taire que parler.

Considère que nulle chose, ici-bas n'est sure.

Ainsi, dans le bonheur, tu modéreras ta joie et, dans l'infortune, ton chagrin. Réjouis-toi des biens qui t'arrivent mais afflige-toi sans excès des maux qui peuvent survenir.

Dans quelque position que tu te trouves, ne te découvre point aux autres, car il est ridicule de renfermer sa fortune dans des maisons, et d'exposer son âme à tous les regards.

Crains le blâme plus que le danger. Les méchants doivent redouter la fin de leur vie, et les gens de bien ne doivent craindre que de vivre sans honneur.

Tâche de vivre tranquillement; mais, si tu te trouves jamais dans les périls, cherche à sortir des combats avec gloire, et non avec une réputation infamante.

PRIÈRES ET SAGESSE de tous les temps

Mourir, c'est l'arrêt que le destin a prononcé contre tous les hommes, mais mourir avec gloire, c'est le partage que la nature a réservé à la vertu[31].

---

[31] Extrait de « Orateurs et sophistes grecs » ; édition Charpentier 1842.

*Rhéteur et moraliste grec ayant vécu de 436 à 338 av. J.C. Il suivit l'enseignement de Socrate et des sophistes. Il fonda une école de rhétorique dont la notoriété fut grande.

PRIÈRES ET SAGESSE de tous les temps

43- Réflexions d'Empédocle*

À un moment donné, l'Un se forma du Multiple ; en un autre moment, il se divisa et de l'Un sortit le Multiple. Il y a une double naissance des choses périssables et une double destruction. La réunion de toutes choses amène une génération à l'existence et la détruit ; l'autre croît et se dissipe quand les choses se séparent. Et ces choses ne cessent de changer continuellement de place, se réunissant toutes en une à un moment donné par l'effet de l'Amour, et portées à un autre moment en des directions diverses par la répulsion de la Haine. Ainsi, pour autant qu'il est dans leur nature de passer du Plusieurs à l'Un, et de devenir une fois encore Plusieurs quand l'Un est morcelé, elles entrent à l'existence, et leur vie ne dure pas. Mais, pour autant qu'elles ne cessent jamais d'échanger leurs places, dans cette mesure, elles sont toujours immobiles quand elles parcourent le cercle de l'existence.

Mais allons, écoute mes paroles, car c'est l'étude qui augmente la sagesse.

Comme je le disais déjà auparavant, quand j'exposais le but de mon enseignement, je vais t'exposer un double discours. A un moment donné, l'Un se forma du Multiple, à un autre moment, il se divisa, et de l'Un sortit le Multiple — Feu, Eau et Terre et la hauteur puissante de l'Air ; la Plaine redoutée aussi, à part de ceux-ci, de poids égal à chacun, et l'Amour parmi eux, égal en longueur et en largeur.

Contemple-le avec ton esprit, et ne reste pas assis, les yeux éblouis.

PRIÈRES ET SAGESSE de tous les temps

C'est lui que nous avons implanté dans les membres des mortels ; c'est lui qui leur inspire des idées d'amour, et qui leur fait accomplir les travaux de la paix.

Ils s'appellent des noms de Joie et d'Aphrodite.

Aucun mortel ne l'a encore vu se mouvoir en cercle parmi eux, mais toi prête l'oreille à l'ordre de mon discours, qui ne trompe point.

Car tous ceux-ci sont égaux et de même âge ; cependant chacun a une prérogative différente et sa nature particulière.

Et rien ne vient à l'existence à part eux, et ils ne périssent point ; car s'ils avaient péri continuellement, ils n'existeraient pas maintenant, et ce qui accroîtrait ce Tout, que serait-ce et d'où pourrait-il venir ?

Comment, d'ailleurs, pourrait-il périr, puisqu'il n'y a aucun lieu vide de ces choses ? Ils sont ce qu'ils sont ; mais, courant les uns à travers les autres, ils deviennent tantôt ceci, tantôt cela, et toujours des choses analogues[32].

---

[32] Extrait de « De la nature de John Burnet, traduction Auguste Raymond ».

*Empédocle a vécu au 5e siècle av. J.C. Philosophe, ingénieur, médecin et thaumaturge grec. Il prônait que les quatre éléments, terre, air, eau et feu sont à la base de tout ce qui existe.

PRIÈRES ET SAGESSE de tous les temps

44- Pensée d'Epictète*

Ce qui tourmente les hommes, ce n'est pas la réalité mais les opinions qu'ils s'en font. Ainsi, la mort n'a rien de redoutable - Socrate lui-même était de cet avis : la chose à craindre, c'est l'opinion que la mort est redoutable. Donc, lorsque quelque chose nous contrarie, nous tourmente ou nous chagrine, n'en accusons personne d'autre que nous-mêmes : c'est-à-dire nos opinions. C'est la marque d'un petit esprit de s'en prendre à autrui lorsqu'il échoue dans ce qu'il a entrepris; celui qui exerce sur soi un travail spirituel s'en prendra à soi-même ; celui qui achèvera ce travail ne s'en prendra ni à soi ni aux autres.

Ne te monte jamais la tête pour une chose où ton mérite n'est pas en cause. Passe encore que ton cheval se monte la tête en disant : Je suis beau ; mais que toi, tu sois fier de dire : J'ai un beau cheval ! Rends-toi compte que ce qui t'excite c'est le mérite de ton cheval ! Qu'est-ce qui est vraiment à toi ? L'usage que tu fais de tes représentations; toutes les fois qu'il est conforme à la nature, tu peux être fier de toi : pour le coup, ce dont tu seras fier viendra vraiment de toi.

Pendant un voyage en bateau, si le navire jette l'ancre et que tu mettes pied à terre pour aller chercher de l'eau, tu ramasseras en chemin, ici un bigorneau, là un petit bulbe de plante, mais il te faut concentrer ta pensée sur le navire, te retourner sans cesse au cas où le pilote appelle ; s'il appelle, il faut tout planter là, de peur d'être jeté à fond de cale et ligoté comme du bétail. C'est pareil dans la vie ; si, en guise de bigorneau, on te donne une petite femme ou un esclave, il n'y a pas de mal à cela ; mais quand le pilote

PRIÈRES ET SAGESSE de tous les temps

t'appelle, cours vers le navire et laisse tout sans te retourner. Et si, en plus, tu n'es plus tout jeune, reste à proximité du navire de peur de manquer l'appel.

N'attends pas que les événements arrivent comme tu le souhaites ; décide de vouloir ce qui arrive et tu seras heureux.

La maladie est une gêne pour le corps; pas pour la liberté de choisir, à moins qu'on ne l'abdique soi-même. Avoir un pied trop court est une gêne pour le corps, pas pour la liberté de choisir. Aie cette réponse à l'esprit en toute occasion : tu verras que la gêne est pour les choses ou pour les autres, non pour toi.

Devant tout Ce qui t'arrive, pense à rentrer en toi-même et cherche quelle faculté tu possèdes pour y faire face. Tu aperçois un beau garçon, une belle fille ? Trouve en toi la tempérance. Tu souffres ? Trouve l'endurance. On t'insulte ? Trouve la patience. En t'exerçant ainsi tu ne seras plus le jouet de tes représentations.

Ne dis jamais, à propos de rien, que tu l'as perdu ; dis : Je l'ai rendu. Ton enfant est mort ? Tu l'as rendu. Ta femme est morte ? Tu l'as rendue. On m'a pris mon champ !

Eh bien, ton champ aussi, tu l'as rendu. Mais c'est un scélérat qui me l'a pris ! Que t'importe le moyen dont s'est servi, pour le reprendre, celui qui te l'avait donné ? En attendant le moment de le rendre, en revanche, prends-en soin comme d'une chose qui ne t'appartient pas, comme font les voyageurs dans une auberge.

PRIÈRES ET SAGESSE de tous les temps

*Philosophe stoïcien grec ayant vécu de l'an 55 à l'an 135 de notre ère. Son enseignement nous a été transmis par son disciple Flavius Arrien.

45- Du choix des amis
Senèque*

Toutefois, il n'est rien qui puisse donner plus de contentement à l'âme qu'une amitié tendre et fidèle. Quel bonheur de rencontrer des cœurs bien préparés, auxquels vous puissiez, en toute assurance, confier tous vos secrets, qui soient, à notre égard, plus indulgents que nous-mêmes, qui charment nos ennuis par les agréments de leur conversation, fixent nos irrésolutions par la sagesse de leurs conseils, dont la bonne humeur dissipe notre tristesse, dont la seule vue, enfin, nous réjouisse ! Mais il faut, autant que possible, choisir des Amis exempts de passions, car le vice se glisse sourdement dans nos cœurs ; il se communique par le rapprochement ; c'est un mal contagieux.

En temps de peste, il faut bien se garder d'approcher les individus malades, et qui déjà sont atteints du fléau, parce que nous gagnerions leur mal, et que leur haleine seule pourrait nous infecter ; ainsi, quand nous voudrons faire choix d'un ami, nous mettrons tous nos soins à nous adresser à l'âme la moins corrompue. C'est un commencement de maladie, que de mettre les personnes saines avec les malades ; non que j'exige de vous de ne rechercher que le sage, de ne vous attacher qu'à lui : hélas ! Où le trouverez-vous, celui que nous cherchons depuis tant de siècles ? Pour le meilleur, prenons le moins méchant.

À peine auriez-vous pu vous flatter de faire un choix plus heureux, si, parmi les Platon, les Xénophon, et toute cette noble élite sortie du giron de Socrate, vous eussiez cherché des hommes de bien; ou si vous pouviez revenir à ce siècle

PRIÈRES ET SAGESSE de tous les temps

de Caton, qui produisit sans doute des personnages dignes de naître au temps de Caton, mais aussi autant de scélérats, autant de machinateurs de grands crimes qu'on en ait jamais vu. Il fallait en effet, et des uns et des autres ; pour que Caton pût être connu, il devait avoir et des gens de bien pour obtenir leur approbation, et des méchants pour mettre sa vertu à l'épreuve. Mais aujourd'hui qu'il y a si grande disette de gens de bien, faisons le choix le moins mauvais possible.

Évitons surtout les gens moroses qui se chagrinent de tout, et pour qui tout est un sujet de plainte. Quelque fidèle, quelque dévoué que soit un ami, un compagnon, toujours troublé, toujours gémissant, n'en est pas moins le plus grand ennemi de notre tranquillité[33].

---

[33] Extrait de « De la Tranquillité de l'Âme » ; Traduction et révision de Jean Schumacher.

*Sénèque, philosophe stoïcien latin né en l'an 4 av J.C. et mort en l'an 57 après J.C.

PRIÈRES ET SAGESSE de tous les temps

46- Prière au Dieu Suprême
Firmicus Maternus.

Qui que tu sois, ô Dieu qui, chaque jour, fais que le ciel poursuit sa course d'un même élan rapide,

Qui prolonges indéfiniment le mouvement des flots agités de la mer,

Qui as consolidé la terre en lui donnant un fondement inébranlable,

Qui, par le sommeil nocturne, restaures les corps accablés des êtres de la terre,

Qui, de nouveau, quand on a recouvré sa force, rends le bienfait infiniment doux de la lumière,

Qui soutiens la fragilité du corps en y insufflant un esprit divin,

Qui vivifies toute la substance de ton ouvrage grâce à l'haleine salutaire des vents,

Qui fais couler les eaux des sources et des fleuves en vertu d'une nécessité que rien ne lasse,

Qui ramènes le cours divers des saisons par la marche fixe des jours, seul Gouverneur, seul Chef de toutes choses, seul Maître suprême et Seigneur, devant qui plie tout entière la souveraineté des puissances divines, de qui le vouloir est la propre subsistance d'une œuvre parfaite, dont les lois incorruptibles sont suivies par la nature qui, en vertu de cette obéissance, a conféré à tous les êtres une force de perpétuité.

Toi, père et mère ensemble de toutes choses, toi qui, par une seule et même alliance, es pour toi tout à la fois père et fils, nous tendons vers toi nos mains suppliantes, nous t'adorons par l'hommage craintif de nos prières solennelles.

Vous aussi, étoiles à la course éternelle, Lune, mère des corps humains, et toi,

Ô prince de tous les astres, qui, chaque mois, enlèves et rends à la Lune sa lumière,

Soleil souverainement bon, souverainement grand, qui, chaque jour, par la conduite bien réglée de ton pouvoir suprême, ne cesses de faire succéder création à création, grâce à qui, par une divine disposition, tous les êtres vivants reçoivent en partage une âme immortelle, qui seul ouvres les portes du séjour d'en haut, qui gouvernes à ton gré l'ordre des destinées.

Pardonne, si mon discours chétif a pénétré les arcanes de ta puissance souveraine. Ce n'est pas un désir sacrilège ou l'ardeur d'une curiosité profane qui m'a poussé à cette étude, mais mon esprit, sous l'influence d'une céleste inspiration, a tenté d'exposer tout ce qu'il avait appris, pour porter jusqu'aux temples de la roche Tarpéienne tout ce que les divins Anciens ont découvert dans les chambres secrètes des sanctuaires de l'Égypte.

Donnez-moi donc l'assistance de votre décret, et fortifiez par votre majesté mon esprit qui hésite et tremble, de peur

PRIÈRES ET SAGESSE de tous les temps

que, privé du secours de votre divine puissance, je manque à trouver l'ordonnance de l'ouvrage que j'ai promis[34].

---

[34] Extrait de « Mathesis » Traduction de André Fustigère.

*Firmicus Maternus, écrivain romain du 2e siècle après J.C., a publié le Mathésis, une compilation et le seul traité d'astrologie de l'antiquité. Converti au christianisme, il a publié, un traité sur la fausseté des religions païennes.

PRIÈRES ET SAGESSE de tous les temps

47- Hymne à Vénus
*Lucrèce**

Mère des Romains, charme des dieux et des hommes, bienfaisante Vénus, c'est toi qui, fécondant ce monde placé sous les astres errants du ciel, peuples la mer chargée de navires, et la terre revêtue de moissons ; c'est par toi que tous les êtres sont conçus, et ouvrent leurs yeux naissants à la lumière. Quand tu parais, ô déesse, le vent tombe, les nuages se dissipent; la terre déploie sous tes pas ses riches tapis de fleurs ; la surface des ondes te sourit, et les cieux apaisés versent un torrent de lumière resplendissante.

Dès que les jours nous offrent le doux aspect du printemps, dès que le zéphyr captif recouvre son haleine féconde, le chant des oiseaux que tes feux agitent annonce d'abord ta présence, puis, les troupeaux enflammés bondissent dans les gras pâturages et traversent les fleuves rapides tant les êtres vivants, épris de tes charmes et saisis de ton attrait, aiment à te suivre partout où tu les entraînes ! Enfin, dans les mers, sur les montagnes, au fond des torrents, et dans les demeures touffues des oiseaux, et dans les vertes campagnes, ta douce flamme pénètre tous les cœurs, et fait que toutes les races brûlent de se perpétuer. Ainsi donc, puisque toi seule gouvernes la nature, puisque, sans toi rien ne jaillit au séjour de la lumière, rien n'est beau ni aimable, sois la compagne de mes veilles, et dicte-moi ce poème que je tente sur la Nature, pour instruire notre cher Memmius. Tu as voulu que, paré de mille dons, il brillât toujours en toutes choses : aussi, déesse, faut-il couronner mes vers de grâces immortelles.

PRIÈRES ET SAGESSE de tous les temps

Fais cependant que les fureurs de la guerre s'assoupissent, et laissent en repos la terre et l'onde. Toi seule peux rendre les mortels aux doux loisirs de la paix, puisque Mars gouverne les batailles, et que souvent, las de son farouche ministère, il se rejette dans tes bras, et là, vaincu par la blessure d'un éternel amour, il te contemple, la tête renversée sur ton sein ; son regard, attaché sur ton visage, se repaît avidement de tes charmes; et son âme demeure suspendue à tes lèvres. Alors, Ô déesse, quand il repose sur tes membres sacrés, et que, penchée sur lui, tu l'enveloppes de tes caresses, laisse tomber à son oreille quelques douces paroles, et demande-lui pour les Romains une paix tranquille. Car le malheureux état de la patrie nous ôte le calme que demande ce travail...[35].

---

[35] Extrait de « De la Nature, traduction de Henri Clouard.

*Vénus, dans la mythologie romaine, est la déesse de l'amour, de la beauté et de la séduction. Elle est l'équivalente de l'Aphrodite des Grecs.

* Lucrèce, Philosophe Latin de 98-55 av. J.C.

48- Credo de la Paix
*Ralph Maxwell Lewis**

Je suis coupable de guerre quand j'exerce orgueilleusement mon intelligence au détriment de mes frères humains.

Je suis coupable de guerre quand je déforme les opinions des autres lorsqu'elles diffèrent des miennes.

Je suis coupable de guerre quand je ne tiens pas compte des droits et des possessions des autres.

Je suis coupable de guerre quand je convoite ce qu'un autre a honnêtement acquis.

Je suis coupable de guerre quand je cherche à maintenir la supériorité de ma position en privant les autres de leurs opportunités d'avancement.

Je suis coupable de guerre si je m'imagine que ma famille et moi-même devons être privilégiés.

Je suis coupable de guerre si je crois qu'un héritage me donne le droit de monopoliser les ressources de la nature.

Je suis coupable de guerre quand je crois que les autres doivent penser et vivre comme je le fais.

Je suis coupable de guerre quand je fais dépendre le succès dans la vie, de la force, de la réputation et de la richesse.

PRIÈRES ET SAGESSE de tous les temps

Je suis coupable de guerre quand je pense que la conscience des gens devrait être soumise par la force plutôt que suivre la raison.

Je suis coupable de guerre quand je crois que le Dieu que je conçois est celui que les autres doivent admettre.

Je suis coupable de guerre quand je pense que le pays qui a vu naître quelqu'un doit nécessairement être le lieu où il doit passer sa vie.

---

* Ralph Maxwell Lewis, Imperator de l'ordre rosicrucien AMORC de 1939 à 1987. Il fut un mystique, un ésotériste et un humaniste. Il écrivit plusieurs ouvrages dont le sanctuaire intérieur, alchimie mentale, une rose-croix des temps modernes. Il publia de nombreux articles dans le Rosicrucian Digest.

PRIÈRES ET SAGESSE de tous les temps

49- Prière pour la Paix
Desmond Tutu*

Seigneur, je Te rends grâce d'avoir mis en mon cœur
Ce fort désir de paix pour éclairer les jours de ma vie.
Je Te rends grâce aussi d'avoir mis le même désir de paix
Au cœur de mes sœurs et de mes frères
Comme une étoile à l'horizon de notre histoire.

Seigneur, je Te rends grâce d'avoir tracé
Pour les hommes de tous les temps et de tous pays,
À travers l'obscurité de la violence et l'aveuglement de l'orgueil,
Un même chemin de lumière.

Seigneur, je Te rends grâce pour l'espérance
Qui déjà réchauffe nos cœurs :
Un jour les hommes sauront s'accueillir,
Se faire confiance, s'écouter.
Un jour les paroles seront droites
Et les traités signés seront respectés.
Seigneur, je Te rends grâce d'être venu naître
Au cœur du monde pour donner
Un sens à la longue marche de Tes enfants :
À Ta suite nous sommes en route pour construire la Paix,
Dans la Vérité et la Justice, dans l'amour et dans la liberté[36].

---

[36] Extrait de Prière Pax Christi.
*Archevêque anglican de l'Afrique du Sud. Il a milité contre l'apartheid et reçu le prix Nobel de la paix en 1984.

PRIÈRES ET SAGESSE de tous les temps

50- Prière jaïna* pour la paix
Auteur anonyme

La paix et l'amour universel sont l'essence de l'évangile prêché par les plus éclairés.

Le Seigneur nous enseigne que la sérénité vient du karma.

Que je pardonne à toutes les créatures, et que toutes les créatures me pardonnent.

Que pour tous j'aie de l'amitié, pour personne de l'inimitié.

Sache que la violence est la source de toutes les misères du monde.

La violence est, de fait, le nœud de l'esclavage.
« Ne blessez aucun être vivant ».

C'est la voix éternelle, perpétuelle et inaltérable de la vie spirituelle.

Une arme, aussi puissante soit-elle, peut toujours être supplantée par une autre ; mais aucune, jamais, ne peut surpasser la non-violence et l'amour[37].

---

[37] Extrait des « citations de James Twyman ».
*Le jainisme est une religion pratiquée surtout en Inde depuis la plus haute antiquité. On la retrace 10 siècles av. J.C. Elle professe la non-violence, la sincérité, l'honnêteté, la fidélité du couple et le non attachement aux choses de ce monde.

51- Prière soufie pour la Paix
Hazrat Inayat Khan*

Louange à Toi, Dieu Suprême,
Omnipotent, omniprésent, qui pénètre tout,
L'être Unique.
Prends-nous dans tes bras paternels,
Élève-nous au-dessus de la densité de la terre.
Nous adorons Ta beauté,
A Toi nous nous abandonnons volontairement.
Dieu de miséricorde et de compassion,
Seigneur idéalisé de toute l'humanité,
C'est Toi seul que nous adorons,
Et à Toi seul que nous aspirons.
Ouvre nos cœurs à Ta beauté,
Illumine nos âmes à Ta divine lumière.
Ô Toi, la perfection d'amour, d'harmonie et de beauté,
Créateur tout puissant, qui nous nourrit,
Qui nous juge et qui pardonne nos imperfections,
Seigneur de l'Orient et de l'Occident,
Des mondes d'en-haut et d'en-bas,
Et des êtres visibles et invisibles,
Verse sur nous Ton amour et Ta lumière,
Nourris nos corps, nos cœurs et nos âmes,
Emploie-nous pour les fins choisies par Ta sagesse,
Et guide-nous dans la voie de Ta propre bonté.
Amène-nous plus près de Toi à chaque moment de notre vie, jusqu'à ce que, en nous, se reflètent
Ta grâce, Ta gloire, Ta sagesse, Ta joie et Ta paix.
Amen[38].

---

[38] Puisée du site « Centre Soufi Omega ».

PRIÈRES ET SAGESSE de tous les temps

52- Prière Hindoue pour la paix
Auteur inconnu

Ô Dieu, conduisez-nous de l'irréel au réel.
Ô Dieu, conduisez-nous de
l'obscurité à la lumière.
Ô Dieu conduisez-nous
de la mort à l'immortalité.
Shanti, Shanti, Shanti.
Ô Seigneur tout-puissant,
que la paix existe dans les cieux.
Que la paix existe sur terre.
Que les eaux soient calmes.
Que les herbes soient saines, et que les arbres
et les plantes apportent la paix à tous.
Que tous les êtres bienfaisants
nous apportent la paix.
Que ta loi védique propage la paix
dans le monde entier.
Que toute chose soit pour nous
une source de paix.
Et que ta paix accorde la paix à tous,

---

*Hazrat Inayat khan, né en Inde, est le fondateur du soufisme, courant mystique et ésotérique de l'Islam. Le soufisme prône l'unité de tous les peuples et de toutes les religions. Il est basé sur une orientation intérieure et une purification du cœur qui permet d'accéder à la conscience divine.

*L'hindouisme est l'une des plus anciennes religions. 3eme religion du monde en termes d'adeptes, elle est surtout pratiquée en inde. Son livre sacre le veda remonterait à 1500 ans avant JC et ses adeptes vénèrent de nombreuses divinités qu'ils croient être les avatars d'un dieu suprême. L'hindouisme professe la tolérance religieuse considérant que la vérité peut se présenter sous des formes multiples.

PRIÈRES ET SAGESSE de tous les temps

et qu'elle arrive aussi jusqu'à moi.
.

PRIÈRES ET SAGESSE de tous les temps

53- Prière de St François d'assise*

Seigneur, faites de moi un instrument de votre paix.
Là où il y a de la haine, que je mette l'amour.
Là où il y a l'offense, que je mette le pardon.
Là où il y a la discorde, que je mette l'union.
Là où il y a l'erreur, que je mette la vérité.
Là où il y a le doute, que je mette la foi.
Là où il y a le désespoir, que je mette l'espérance.
Là où il y a les ténèbres, que je mette votre lumière.
Là où il y a la tristesse, que je mette la joie.

Ô Maître, que je ne cherche pas tant à être consolé qu'à consoler, à être compris qu'à comprendre, à être aimé qu'à aimer, car c'est en donnant qu'on reçoit, c'est en s'oubliant qu'on trouve, c'est en pardonnant qu'on est pardonné, c'est en mourant qu'on ressuscite à l'éternelle vie.

---

* St François d'assise, religieux catholique italien né en 1182 et mort en 1226. Il fut le fondateur de l'ordre des frères mineurs ou ordre franciscain dont les moines s'efforçaient de pratiquer l'imitation du christ. Il a été également le fondateur des sœurs- clarisses. Il fut le précurseur de l'œcuménisme.

PRIÈRES ET SAGESSE de tous les temps

54- Prière d'un Prisonnier
Auteur Inconnu

Paix à tous les hommes de mauvaise volonté !
Que cesse toute vengeance, tout appel au châtiment.
Les crimes dépassent toute mesure.

Il y a trop de martyrs...
Aussi, ne mesure pas leurs souffrances au poids de ta justice, Seigneur, et ne laisse pas ces souffrances à la charge des bourreaux, pour leur faire payer une terrible facture.

Que tout soit payé d'une autre manière.
Inscris en faveur des bourreaux, des délateurs, des traîtres et de tout homme de mauvaise volonté, le courage et la force spirituelle des autres, leur humilité, leur dignité, leur lutte intérieure constante et leur indicible espérance, le sourire qui étanche leurs larmes, leur amour, leurs cœurs brisés qui demeurent fermes et confiants à la mort même, oui, jusqu'aux moments de la plus extrême faiblesse...

Que tout cela soit déposé devant Toi, Ô Seigneur, pour le pardon des péchés, comme rançon pour le triomphe de la justice.

Que le bien soit compté, non le mal !
Et que les victimes restent dans le souvenir de ceux qui les persécutent, non comme un cauchemar, non comme des spectres attachés à leurs pas, mais comme des soutiens dans leur propre effort pour réduire la furie de leurs passions criminelles.

PRIÈRES ET SAGESSE de tous les temps

Nous ne demandons rien de plus.

Et quand tout cela sera fini, donne aux victimes de vivre, Seigneur, hommes parmi les hommes, et que la paix revienne sur notre pauvre terre, paix pour tous les hommes de bonne volonté et pour tous les autres.

(Cette prière vient des archives d'un camp de concentration en Allemagne.)

PRIÈRES ET SAGESSE de tous les temps

55- Alors la Paix viendra
Pierre Guilbert. *

Si tu crois qu'un sourire est plus fort qu'une arme,
Si tu crois à la puissance d'une main offerte,
Si tu crois que ce qui rassemble les hommes est plus important que ce qui divise,
Si tu crois qu'être différent est une richesse et non pas un danger,
Si tu sais regarder l'autre avec un brin d'amour,
Si tu préfères l'espérance au soupçon,
Si tu estimes que c'est à toi de faire le premier pas, plutôt qu'à l'autre,
Si le regard d'un enfant parvient encore à désarmer ton cœur,
Si tu peux te réjouir de la joie de ton voisin,
Si l'injustice qui frappe les autres te révolte autant que celle que tu subis,
Si pour toi l'étranger est un frère qui t'est proposé,
Si tu sais donner gratuitement un peu de ton temps par amour,
Si tu acceptes qu'un autre te rende service,
Si tu partages ton pain et que tu saches y joindre un morceau de ton cœur,
Si tu crois qu'un pardon va plus loin qu'une vengeance,
Si tu sais chanter le bonheur des autres et danser leur allégresse,
Si tu peux écouter le malheureux qui te fait perdre ton temps et lui garder ton sourire,
Si tu sais accepter la critique et en faire ton profit, sans la renvoyer et te justifier,
Si tu sais accueillir et adopter un avis différent du tien,
Si pour toi l'autre est d'abord un frère,

PRIÈRES ET SAGESSE de tous les temps

Si la colère est pour toi une faiblesse, non une preuve de force,
Si tu préfères être lésé que faire tort à quelqu'un,
Si tu refuses qu'après toi ce soit le déluge,
Si tu te ranges du côté du pauvre et de l'opprimé sans te prendre pour un héros,
Si tu crois que l'Amour est la seule force de dissuasion,
Si tu crois que la Paix est possible,
...........Alors la Paix viendra.

---

* Pierre Guilbert, prête jésuite et théologien français né en 1936. Il a été l'auteur de plus d'une douzaine d'ouvrages dont « la prière retrouvée » paru en 1996.

56- Prière de Gandhi

Mon Dieu...
Aide-moi à dire la vérité en face des forts et à ne pas mentir pour m'attirer les applaudissements des faibles.

Si Tu me donnes de l'argent, ne me prends pas mon bonheur. Et si Tu me donnes la force, ne m'enlève pas mon pouvoir de raisonner.

Si Tu me donnes le succès, ne m'ôte pas l'humilité. Si Tu me donnes l'humilité, ne m'ôte pas la dignité.

Aide-moi à connaître l'autre aspect des choses, et ne permets pas que j'accuse mes adversaires d'être traîtres parce qu'ils ne partagent pas mon point de vue.

Enseigne-moi à aimer les autres comme je m'aime moi-même, et à me juger comme je juge les autres.

Ne me laisse pas m'enivrer par le succès si je l'atteins, ni me désespérer si j'échoue. Fais-moi plutôt me souvenir que l'échec est l'épreuve qui conduit au succès.

Enseigne-moi que la tolérance est le degré le plus élevé de la force et que le désir de vengeance est la première manifestation de la faiblesse.

Si Tu me dépouilles des richesses, laisse-moi l'espérance. Et si Tu me dépouilles du succès, laisse-moi la force de volonté pour pouvoir vaincre l'échec.

Si Tu me dépouilles du don de la santé, laisse-moi la grâce de la Foi.

PRIÈRES ET SAGESSE de tous les temps

Si je fais du tort à quelqu'un, et si quelqu'un me fait du tort, donne-moi la force du pardon et de la clémence.

Mon Dieu... si je T'oublie, Toi, ne m'oublie pas !

PRIÈRES ET SAGESSE de tous les temps

57- La Grande Invocation

Que les Forces de Lumière apportent l'illumination à l'humanité !
Que l'esprit de Paix s'étende en tous lieux !
Que partout les hommes de bonne volonté se rencontrent dans un esprit de collaboration !
Que le pardon de la part de tous les hommes soit la note-clé de cette époque !
Que le pouvoir assiste les efforts des Grands Êtres !
Qu'il en soit ainsi et aidez-nous à faire notre part !
Que les Seigneurs de Libération s'élancent !
Qu'ils viennent au secours des fils des hommes !
Que le cavalier sorte du Lieu Secret !
Et, par sa venue qu'il sauve !
Viens, ô être Puissant !
Que l'âme des hommes s'éveille à la Lumière !
Et qu'ils se dressent en un dessein de masse !
Que la proclamation du Seigneur retentisse :
La fin du malheur est venue !
Viens, Ô Être Puissant.

Pour la force salvatrice, l'heure de servir est arrivée !
Qu'elle se répande de tous côtés, ô être Puissant !
Que la Lumière, l'Amour, la Puissance et la Mort
Accomplissent le dessein de Celui qui vient !
La Volonté de sauver est là.

L'Amour voué à poursuivre le travail est partout largement présent.

L'aide active de tous ceux qui connaissent la vérité est également là.

PRIÈRES ET SAGESSE de tous les temps

Construis un grand mur de défense.

La domination du mal doit maintenant prendre fin,

Du point de lumière dans la pensée de Dieu,
Que la lumière afflue dans la pensée des hommes !
Que la lumière descende sur la terre !
Du point d'amour dans le cœur de Dieu
Que l'amour afflue dans le cœur des hommes !
Puisse le Christ revenir sur terre !
Du centre où la volonté de Dieu est connue,
Que le dessein guide le faible vouloir des hommes,
Le dessein que les maîtres connaissent et servent.
Du centre que nous appelons la race des hommes
Que le Plan d'amour et de Lumière s'épanouisse !
Et puisse-t-il sceller la porte de la demeure du mal !
Que Lumière, Amour et Puissance restaurent le Plan sur la terre !

(Cette prière a été révélée à Alice Bailey par le maître tibétain Djwal Koll.)

58- Invocation de Salomon

Puissances du Royaume, soyez sous mon pied gauche et dans ma main droite !
Gloire et Eternité, touchez mes deux épaules et dirigez-moi dans les voies de la victoire !
Miséricorde et Justice, soyez l'équilibre et la splendeur de ma vie !
Intelligence et Sagesse, donnez-moi la couronne !
Esprit de Malkut, conduisez-moi entre les deux colonnes sur lesquelles s'appuie tout l'édifice du temple !
Anges de Netzah et de Hod, affermissez-moi sur la pierre cubique de Iesod !
Ô Gedualael ! Ô Geburael ! Ô Tiphereth ! Binael, sois mon amour !
Ruach Hochmael, sois ma lumière ; sois ce que tu es et ce que tu seras, Ô Ketheriel !
Ischim, assistez-moi au nom de Shaddai.

Cherubim, soyez ma force au nom d'Adonaï.

Beni-Elohim, soyez mes Frères au nom du Fils et par les vertus de Zebaoth.

Elohim, combattez pour moi au nom de Tetragrammaton.
Malachim, protégez-moi au nom de Iod-He-Vau-He.

Sepharim, épurez mon amour au nom de Elvah.

Hasmalim, éclairez-moi avec les splendeurs d'Eloi et de Shechinah.

Aralim, agissez.

PRIÈRES ET SAGESSE de tous les temps

Ophanim, tournez et resplendissez.
Hajot-Ha-Kadosh, criez, parlez, rugissez, mugissez.

Forces saintes, tourbillonnez, clamez, répandez les vertus divines.

Kadosh, Kadosh, Kadosh, Shaddai, Adonaï, Jotchava, Eieazerie, Hallelu-Jah, Hallelu-Jah, Hallelu-Jah[39].

---

[39] Extrait de « Dogmes et rituel de haute magie de Eliphas Lévi ».

PRIÈRES ET SAGESSE de tous les temps

59- Le Cantique des 144 000

Nous Te remercions, Père, de nous avoir révélé Ta lumière protectrice universelle.

Puissions-nous, dans cette lumière, être totalement protégés de toute force destructrice.

Que le Saint Esprit de Ta Présence nous imprègne de cette Lumière et qu'elle descende partout où nous le désirerons.
Nous Te remercions, Père, de nous emplir de Tes feux d'Amour protecteur.

Puissions-nous, dans cet amour, être totalement protégés des pensées et des émotions destructrices.

Que la Conscience du Christ s'élève en nous dans cet amour et puisse-t-il brûler de tous ses feux partout où nous le désirerons.

Nous te remercions, Père, d'être en nous comme nous sommes en Toi.

Que Ta volonté, à travers nous, parvienne sur des ailes de pouvoir.

Qu'elle s'accomplisse sur la Terre comme au Ciel.

Puissent Ta Lumière, Ton Amour et Ton Pouvoir se manifester à travers nous tous, Fils et Filles de l'Humanité[40].

---

[40] Extrait du livre « L'Immortel » livre 1 de J.J. Dewey*

PRIÈRES ET SAGESSE de tous les temps

60- Prière de Saint Patrick*

Je me lève aujourd'hui,
Par une force puissante,
L'invocation à la Trinité,
La croyance à la Trinité,
La confession de l'Unité du Créateur de monde.

Je me lève aujourd'hui,
Par la force de la naissance du Christ et de Son Baptême,
La force de Sa Crucifixion et de Sa mise au tombeau,
La force de Sa Résurrection et de Son Ascension,
La force de Sa Venue au jour du jugement.

Je me lève aujourd'hui,
Par la force des ordres des Chérubins,
Dans l'obéissance des Anges,
Dans le service des Archanges,
Dans l'espoir de la Résurrection,
Dans les prières des Patriarches,
Dans les prédictions des Prophètes,
Dans les prédications des Apôtres,
Dans les fidélités des Confesseurs,
Dans l'innocence des Vierges saintes,
Dans les actions des hommes justes.

Je me lève aujourd'hui,
Par la force du Ciel,
Lumière du Ciel,
Lumière du Soleil,
Eclat de la Lune,

---

*Jean Joseph Dewey est un philosophe et pédagogue américain né en 1890 et mort en 1952.

PRIÈRES ET SAGESSE de tous les temps

Splendeur du Feu,
Vitesse de l'Eclair,
Rapidité du Vent,
Profondeur de la Mer,
Stabilité de la Terre,
Solidité de la Pierre.

Je me lève aujourd'hui,
Par la force de Dieu pour me guider,
Puissance du Dieu pour me soutenir,
Intelligence de Dieu pour me conduire,
Œil de Dieu pour regarder devant moi,
Oreille de Dieu pour m'entendre,
Parole de Dieu pour parler pour moi,
Main de Dieu pour me garder,
Chemin de Dieu pour me précéder,
Bouclier de Dieu pour me protéger,
Armée de Dieu pour me sauver :
Des filets des démons,
Des séductions des vices,
Des inclinations de la nature,
De tous les hommes qui me désirent du mal,
De loin et de près,
Dans la solitude et dans une multitude.
J'appelle aujourd'hui toutes ces forces
Entre moi et le mal,
Contre toute force cruelle impitoyable
Qui attaque mon corps et mon âme,
Contre les incantations des faux prophètes,
Contre les lois ténébreuses du paganisme,
Contre les lois fausses des hérétiques,
Contre la puissance de l'idolâtrie,
Contre les charmes des sorciers,

PRIÈRES ET SAGESSE de tous les temps

Contre toute science qui souille le corps et l'âme de l'homme.

Que le Christ me protège aujourd'hui :
Contre le poison, contre le feu,
Contre la Noyade, Contre la blessure,
Pour qu'il me vienne une foule de récompenses.
Le Christ avec moi,
Le Christ devant moi,
Le Christ derrière moi,
Le Christ en moi,
Le Christ au-dessus de moi,
Le Christ au-dessous de moi,
Le Christ à ma droite,
Le Christ à ma gauche,
Le Christ en largeur,
Le Christ en longueur,
Le Christ en hauteur,
Le Christ dans le cœur de tout homme qui pense à moi,
Le Christ dans tout œil que me voit,
Le Christ dans toute oreille que m'écoute.
Je me lève aujourd'hui,
Par une force puissante,
L'invocation à la Trinité,
La croyance à la Trinité,
La confession de l'Unité du Créateur du monde.
Au Seigneur est le Salut,
Au Christ est le Salut,
Que ton Salut Seigneur soit toujours avec nous.

PRIÈRES ET SAGESSE de tous les temps

*Saint Patrick, saint dont la fête est célébré le 17 mars dans la liturgie catholique. Il est considéré comme l'évangélisateur de l'Irlande. Il aurait vécu de 385 à 461.

PRIÈRES ET SAGESSE de tous les temps

61- **Prière du Juif**

Seigneur, quand tu reviendras dans la gloire,
Ne te souviens pas seulement des hommes de bonne volonté.

Souviens-toi également des hommes de mauvaise volonté ;
Mais ne te souviens pas de leurs cruautés, de leurs sévices, de leurs violences.

Souviens-toi plutôt des fruits que nous avons portés à cause de ce qu'ils ont fait.

Souviens-toi de la patience des uns, du courage des autres, de l'humilité, de la grandeur d'âme, de la fidélité qu'ils ont réveillés en nous,
Et fais, Seigneur, que ces fruits que nous avons portés soient un jour leur Rédemption.

Amen ! Amen ! Amen !

Auteur Inconnu

(Prière retrouvée dans un camp de concentration par un soldat américain au moment de la libération.)

PRIÈRES ET SAGESSE de tous les temps

62- Prière du matin

Seigneur,
Dans le silence de ce jour naissant,
Je viens te demander
Ta paix, ta sagesse, ta force.
Je veux regarder aujourd'hui le monde
Avec des yeux tout remplis d'amour,
Être patient, compréhensif, doux et sage.
Voir au-delà des apparences tes enfants
Tels que tu les vois Toi-même,
Et ainsi ne voir que le bien en chacun.
Ferme mes oreilles à toute calomnie,
Garde ma langue de toute malveillance.
Que seules les pensées qui bénissent
Demeurent en mon esprit.
Que je sois si bienveillant et si joyeux
Que tous ceux qui m'approchent
Sentent Ta présence.
Revêts-moi de ta beauté, Seigneur,
Pour qu'au long de ce jour je te révèle.

Amen*

---

*Cette prière est attribuée à saint François d'Assise.

63- Prière pour se guérir
*Peter Deunov**

Seigneur, tu es la source de toute vie ; envoie-moi ta force vivifiante pour me soigner l'intellect, le cœur, l'esprit, l'âme, la volonté et le corps.

Guéris-moi de toute maladie physique et psychique et des souffrances, et fais-moi don de la santé, de la force, de la vie, de la jeunesse et de la beauté.

Aide-moi à développer les dons et les capacités qui sont en moi afin de pouvoir vivre, apprendre, et mieux te servir[41].

Amen

---

[41] Extrait de « Prières et méditations » De Peter Deunov.

*Peter Deunov est né le 17 juillet 1864 et mort le 27décembre 1944. Spiritualiste bulgare, fondateur de la fraternité blanche universelle, il eut pour disciple Omran Mikhael Aivanhov.

PRIÈRES ET SAGESSE de tous les temps

64- Prière du soir
Auteur anonyme

Merci de ce jour qui finit,
Merci de cette nuit qui vient.
Mon Dieu,
Qu'elle berce le sommeil des hommes endormis,
Qu'elle berce ceux que j'aime,
Qu'elle me berce moi-même,
Jusqu'à demain.

Dans ce jour qui finit,
Tout n'a pas été beau, ni bien fait, ni parfait.
Répare si c'est possible, efface, change,
Et donne-nous de faire mieux demain.

Dans ce jour qui finit
Des hommes ont souffert.

Guéris, si possible,
Diminue le mal, ou le chagrin.

Fais que quelque chose vienne apaiser leur peine,
Fais que quelqu'un s'en aille les aider
Et que cette nuit leur fasse du bien.

Dans ce jour qui finit,
Nous n'avons pas été ce que nous aurions dû être.

Fais-nous meilleurs, mon Dieu, si possible,
Moins durs envers les autres,
Plus doux, plus patients.

PRIÈRES ET SAGESSE de tous les temps

Fais-nous plus forts, plus décidés aussi,
Plus exigeants pour nous-mêmes,
Plus vrais que nos paroles,
Plus fidèles que nos promesses,
Plus actifs dans nos travaux,
Plus obéissants et plus soumis,
Plus rieurs aussi,
Et que demain soit plus beau qu'aujourd'hui, plus grand.

Merci de ce jour qui finit,
Merci de cette nuit qui vient.

Qu'elle berce le sommeil des hommes endormis,
Qu'elle berce ceux que j'aime,
Qu'elle me berce moi-même jusqu'à demain.

65- Prière des Starets d'Optima*

Seigneur,
Accorde-moi de recevoir dans la tranquillité du cœur tout ce que m'apportera cette journée qui commence.

Accorde-moi de me livrer entièrement à Ta sainte volonté.
Prépare-moi et soutiens-moi à chaque heure de ce jour.

Quelles que soient les nouvelles que je reçoive, apprends-moi à les accueillir d'un cœur tranquille, fermement persuadé qu'elles sont l'expression de Ta sainte volonté.

Dirige toutes mes paroles, mes actions, pensées et sentiments.

Que je n'oublie jamais dans les circonstances imprévues que tout m'est envoyé de Toi.

Apprends-moi à agir avec droiture et sagesse, avec chacun des membres de ma famille, sans troubler ni peiner personne.

Seigneur,
Donne-moi la force de supporter la fatigue et les événements du jour naissant.

Dirige ma volonté et apprends-moi à prier, à croire, espérer, supporter, pardonner et aimer.

Amen.

PRIÈRES ET SAGESSE de tous les temps

*Moines de l'église orthodoxe russe. St Ambroise d'Optima fut leur patron.

PRIÈRES ET SAGESSE de tous les temps

66- Apprenez-moi à communier en mourant

Après vous avoir aperçu comme Celui qui est un « plus que moi-même », faites, mon heure étant venue, que je vous reconnaisse sous les espèces de chaque puissance, étrangère ou ennemie, qui semblera vouloir me détruire ou me supplanter.

Lorsque sur mon corps (et bien plus sur mon esprit) commencera à marquer l'usure de l'âge ; quand fondra sur moi du dehors, ou naîtra en moi, du dedans, le mal qui amoindrit ou emporte ; à la minute douloureuse où je prendrai tout à coup conscience que je suis malade ou que je deviens vieux ; à ce moment dernier, surtout, où je sentirai que je m'échappe à moi-même, absolument passif aux mains des grandes forces inconnues qui m'ont formé ; à toutes ces heures sombres, donnez-moi, mon Dieu, de comprendre que c'est Vous (pourvu que ma foi soit assez grande) qui écartez douloureusement les fibres de mon être pour pénétrer jusqu'aux moelles de ma substance pour m'emporter en Vous.

Ô énergie de mon Seigneur, Force irrésistible et vivante, parce que, de nous deux, Vous êtes le plus fort infiniment, c'est à Vous que revient le rôle de me brûler dans l'union qui doit nous fondre ensemble Apprenez-moi à communier en mourant[42].

---

[42] Extrait de « Le milieu Divin » de Teilhard de Chardin*.

*Pierre Teilhard de Chardin. Prête jésuite 1881 à 1955. Théologien, philosophe, géologue, paléontologue. Certains de ses écrits furent sanctionnés par le Vatican.

PRIÈRES ET SAGESSE de tous les temps

67- **Desiderata**
Max Ehrmann,

Va paisiblement ton chemin à travers le bruit et la hâte et souviens-toi que le silence est paix.

Autant que faire se peut et sans courber la tête, sois ami avec tes semblables ; exprime ta vérité calmement et clairement ; écoute les autres même les plus ennuyeux ou les plus ignorants.

Eux aussi ont quelque chose à dire.

Fuis l'homme à la voix haute et autoritaire ; il pèche contre l'esprit.

Ne te compare pas aux autres par crainte de devenir vain ou amer car toujours tu trouveras meilleur ou pire que toi.

Jouis de tes succès mais aussi de tes plans.

Aime ton travail aussi humble soit-il car c'est un bien réel dans un monde incertain.

Sois sage en affaires car le monde est trompeur.

Mais n'ignore pas non plus que vertu il y a, que beaucoup d'hommes poursuivent un idéal et que l'héroïsme n'est pas chose si rare.

Sois toi-même et surtout ne feins pas l'amitié : n'aborde pas non plus l'amour avec cynisme car malgré les vicissitudes

PRIÈRES ET SAGESSE de tous les temps

et les désenchantements il est aussi vivace que l'herbe que tu foules.

Incline-toi devant l'inévitable passage des ans laissant sans regret la jeunesse et ses plaisirs.

Sache que pour être fort tu dois te préparer mais ne succombe pas aux craintes chimériques qu'engendrent souvent fatigue et solitude.

En deçà d'une sage discipline, sois bon avec toi-même.

Tu es bien fils de l'univers, tout comme les arbres et les étoiles.

Tu y as ta place.

Quoique tu en penses, il est clair que l'univers continue sa marche comme il se doit.

Sois donc en paix avec Dieu, quel qu'il puisse être pour toi ; et quelle que soit ta tâche et tes aspirations dans le bruit et la confusion de la vie, garde ton âme en paix.

Malgré les vilénies, les labeurs, les rêves déçus la vie a encore sa beauté.

Sois prudent. Essaie d'être heureux.

---

* Max Ehrmann, poète et écrivain américain. Septembre 1872-septembre 1945.

68- Adore et Confie-Toi
Teilhard de Chardin*

Ne t'inquiète pas de la valeur de ta vie, de ses anomalies, de ses déceptions, de son avenir plus ou moins obscur et sombre.

Tu fais ce que Dieu veut. Tu lui offres, au milieu de tes inquiétudes et de tes insatisfactions, le sacrifice d'une âme humiliée qui s'incline malgré tout devant une Providence austère...

Peu importe que dans l'intime de toi-même tu sentes, comme un poids naturel, la tendance à te replier sur les tristesses et tes défauts...

Peu importe que, humainement, tu te trouves « ratée », si Dieu, Lui, te trouve réussie, à son goût...

Petit à petit Notre-Seigneur te conquiert et te prend pour Lui...

Je t'en prie, quand tu te sentiras triste, paralysée, adore et confie-toi.

Adore, en offrant à Dieu ton existence qui te paraît abîmée par les circonstances : quel hommage plus beau que ce renoncement amoureux à ce qu'on aurait pu être !

Confie-toi.

PRIÈRES ET SAGESSE de tous les temps

Perds-toi aveuglément dans la confiance en Notre-Seigneur qui veut te rendre digne de Lui et y arrivera, même si tu restes dans le noir jusqu'au bout, pourvu que tu tiennes Sa Main toujours d'autant plus serrée que tu es déçue, plus attristée.

Sois heureuse fondamentalement, je te le dis. Sois en paix. Sois inlassablement douce.

Ne t'étonne de rien, ni de ta fatigue physique, ni de tes faiblesses morales.

Fais naître et garde toujours sur ton visage le sourire, reflet de celui de Notre-Seigneur qui veut agir par toi et, pour cela, te substituer toujours plus à toi.

Au fond de ton âme, place avant tout, immuable, comme base de toute activité, comme critère de la valeur et de la vérité des pensées qui t'envahissent, la paix de Dieu.

Tout ce qui te rétrécit et t'agite est faux, au nom des lois de la vie, au nom des promesses de Dieu…

Parce que ton action doit porter loin, elle doit émaner d'un cœur qui a souffert : c'est la loi, douce en somme…

Quand tu te sentiras triste…, adore et confie-toi.

---

*Pierre Teilhard de Chardin (1881 à 1955).
Prêtre jésuite, théologien, philosophe, géologue, paléontologue. Certains de ses écrits furent sanctionnés par le Vatican.

69- Prière de l'artisan
Auteur inconnu

Mon Dieu, apprends-moi à bien user du temps que tu me donnes pour travailler et à bien l'employer sans rien en perdre.

Apprends-moi à tirer profit des erreurs passées sans tomber dans le scrupule qui ronge.

Apprends-moi à prévoir le plan sans me tourmenter, à imaginer l'œuvre sans me désoler si elle jaillit autrement.

Apprends-moi à unir la hâte et la lenteur, la sérénité et la ferveur, le zèle et la paix.

Aide-moi au départ de l'ouvrage, là où je suis le plus faible.

Aide-moi au cœur du labeur à tenir serré le fil de l'attention.

Et surtout comble toi-même les vides de mon œuvre.

Dans tout labeur de mes mains, laisse une grâce de toi pour parler aux autres et un défaut de moi pour me parler à moi-même.

Garde en moi l'espérance de la perfection, sans quoi je perdrais cœur. Garde-moi dans l'impuissance de la perfection, sans quoi je me perdrais d'orgueil.

PRIÈRES ET SAGESSE de tous les temps

Purifie mon regard : quand je fais mal, il n'est pas sûr que ce soit mal et quand je fais bien, il n'est pas sûr que ce soit bien.

Enseigne-moi à prier avec mes mains, mes bras et toutes mes forces.

Rappelle-moi que l'ouvrage de ma main t'appartient et qu'il m'appartient de te le rendre en le donnant.

Que si je fais par goût du profit, comme un fruit oublié je pourrirai à l'automne; que si je fais pour plaire aux autres, comme la fleur de l'herbe je fanerai au soir. Mais si je fais pour l'amour du bien, je demeurerai dans le bien.

Et le temps de faire bien, et à ta gloire, c'est tout de suite.

(Cette prière aurait été écrite par un bâtisseur de cathédrale du moyen-âge.)

PRIÈRES ET SAGESSE de tous les temps

70- La Bonne Prière

« Seigneur Dieu, Père céleste, qui nous a fait don de la vie et de la santé, afin que nous T'adorions dans la joie, envoie-nous Ton esprit pour nous protéger, pour nous garder de tout mal et de toute mauvaise pensée.

Apprends-nous à faire Ta volonté, à sanctifier Ton nom, à Te glorifier sans cesse.

Sanctifie notre esprit, éclaire nos cœurs et notre raison pour que nous observions Tes commandements et Tes ordonnances.

Inspire-nous par Ta sainte présence, Tes pures pensées, et dirige-nous afin que nous Te servions dans la joie.

Bénis la vie que nous te consacrons pour le bien de nos frères et de nos proches.

Aide-nous, assiste-nous, afin que nous grandissions en toute connaissance et sagesse, et que nous soyons instruits par Ta parole et que nous demeurions dans Ta Vérité.

Guide-nous en tout ce que nous pensons et entreprenons en Ton nom, afin que Ton règne s'établisse sur la terre.

Nourris nos âmes du pain des cieux, et remplis-nous de Ta force pour que nous puissions réussir dans notre vie.

Et puisque Tu nous combles de toutes Tes bénédictions, fais que notre amour demeure notre loi éternelle.

PRIÈRES ET SAGESSE de tous les temps

Car c'est à Toi qu'appartiennent le règne, la puissance et la gloire, aux siècles des siècles[43].

Amen.

---

[43] Extrait de « Prières et Méditations de Peter Deunov »

71- Prière de Consultation

« Seigneur Allah ! Je base mon choix sur Ta science, je puise ma capacité de la Tienne et je Te demande un effet de Ta générosité infinie.

Tu es en effet Capable et je ne le suis pas, Tu sais et je ne sais pas et c'est Toi le Grand Connaisseur des mondes inconnus.

Seigneur Allah ! Si tu sais que cette entreprise (nommer l'affaire) est bonne pour moi dans ma religion, ma vie présente et ma vie future, destine-la-moi, facilite-la-moi puis bénis-la pour moi.

Si tu sais que cette affaire (nommer l'affaire) est pour moi un mal dans ma religion, ma vie présente et ma vie future, écarte la de moi et écarte-moi d'elle.

Destine-moi le bien où il se trouve puis fais que j'en sois satisfait[44]. »

---

[44] Extrait de « Le Guide détaillé de l'Oumra et de Hadg », de Boureima A. Daouda.

PRIÈRES ET SAGESSE de tous les temps

72- **Khatum**
Hazrat Inayat Khan

O Toi, la perfection d'amour, d'harmonie et de beauté,
Le Seigneur du ciel et de la terre,
Ouvre nos cœurs pour que nous puissions entendre Ta voix
Qui vient constamment des profondeurs de notre être.

Dévoile-nous Ta Lumière Divine, cachée dans nos âmes,
Afin que nous puissions mieux connaitre et comprendre la vie.

O Dieu de miséricorde et de compassion,
Donne-nous Ta grande bonté,
Enseigne-nous Ton tendre pardon,
Elève-nous au-dessus des distinctions
Et des différences qui divisent les hommes.

Envoie-nous la paix de Ton Esprit Divin
Et unis-nous tous dans Ton Etre Parfait[45].

Amine.

---

[45] Puisée du « Centre Soufi Omega ».

73- Prière soufie de guérison
Hazrat Inayat Khan

Seigneur bien aimé, Dieu tout-puissant,
A travers les rayons du soleil,
A travers les ondes de l'air,
A travers la Vie qui pénètre tout l'espace,
Purifie-moi, revivifie-moi,
Et je Te prie,
Guéris mon corps, mon cœur et mon âme[46].

Amine.

---

[46] Idem.

74- Rasul
Hazrat Inayat Khan

Toi qui avertis des dangers qui viennent,
Toi qui éveilles le monde de son sommeil,
Toi qui apportes le Message de Dieu,
Tu es notre Sauveur.

Le Soleil à l'aube de la création,
La Lumière de l'univers entier,
L'accomplissement du dessein de Dieu,
Toi, la Vie éternelle, nous cherchons refuge dans ton embrassement aimant.

Esprit-Guide, Source de toute beauté et Créateur d'harmonie,
Amour, Amant et Seigneur Bien-Aimé.

Tu es notre Idéal Divin[47].

Amine.

---

[47] Idem.

PRIÈRES ET SAGESSE de tous les temps

75- Al Fatiha*

Au nom d'Allah, le Tout Miséricordieux, le Très Miséricordieux.

Louange à Allah, Seigneur de l'univers.
Le Tout Miséricordieux, le Très Miséricordieux,
Maître du Jour de la rétribution.

C'est Toi que nous adorons, et c'est toi dont nous implorons le secours.

Dirige-nous dans le droit chemin,
Le chemin de ceux que Tu as comblés de faveurs, non pas de ceux qui ont encouru Ta colère, ni des égarés.

Amine.

---
*Sourate d'ouverture du Coran ; Le Livre sacré des Musulmans.

PRIÈRES ET SAGESSE de tous les temps

76-   Prière de Rumi*

Ma prière n'est pas une prière, Seigneur,
Si mon âme ne Te voit face à face
Quand retentit l'appel du muezzin
Si, tourné vers la Ka'ba, je prie
C'est vers Toi seul, pour Ta seule beauté.

Je prie. Gestes vains. Paroles inutiles,
Prière d'hypocrite, inerte et monotone.

J'ai honte de ma prière, Seigneur, j'ai honte

Je n'ose plus lever les yeux vers Toi.

Pour oser la prière, il faudrait être un ange,
Mais je suis en exil, déchu et perverti.

Silence donc ! Silence à ma prière !

Seigneur, elle ne peut T'atteindre.

Mais je prie, je le dois, car il faut que je dise
Le tourment de mon cœur s'il est privé de Toi.

Seigneur au regard de pitié ! Pitié pour moi ! Regarde-moi.

---

*Rumi, 1207-1273. Poète mystique, persan, ayant exercé une grande influence sur le soufisme. Il est le fondateur de la confrérie de derviches tourneurs dont il fut le maître.

77- Pensée de Rumi

Ô frère, ton être est à l'image de ta pensée,
Pour le reste tu n'es que des os et des nerfs.
Si ta pensée est une fleur, tu es comme un parterre fleuri ;
Mais si elle est faite d'épines, tu n'es que ronces à brûler.

PRIÈRES ET SAGESSE de tous les temps

78- **Poème de Rumi**

Ô jour, lève-toi ! Des atomes dansent,
Les âmes, éperdues d'extase, dansent.

A l'oreille, je te dirai où les entrainent leurs danses.
Tous les atomes qui se trouvent dans l'air ou dans les déserts.

Sache qu'ils sont épris comme nous,
Et que chaque atome, heureux ou malheureux,
Est fasciné par le Soleil de l'Âme universelle.

79- Aimer
*Jalal al-Din Rumi**

Aime, essaie d'aimer toutes les choses que tu touches, que tu vois autour de toi...

L'univers est créé pour que tu l'aimes...

Aime les gens, car le monde est pour l'amour...

Vous êtes créés pour cela.

Tout l'univers est attaché par une chaîne appelée « l'amour ».

Apprends à donner ton amour, car dans ton cœur, il y a de la place pour l'amour des autres.

---

* Rumi, poète persan (1207-1273)

80- Tablette du Juste
Baha'U'Lla*

Sois généreux dans la prospérité, et dans l'adversité ne cesse de rendre grâces.

Mérite la confiance de ton prochain, et ne lui montre jamais qu'un visage amical et souriant.

Sois le trésor du pauvre, admoneste le riche, réponds à la plainte du nécessiteux et garde la sainteté de tes promesses.

Sois équitable en ton jugement et réservé dans tes paroles.

Ne sois injuste envers personne, et montre à tous une douceur parfaite.

Sois une lampe pour ceux qui marchent dans les ténèbres, une consolation pour les affligés, une mer pour ceux qui ont soif, un refuge pour ceux qui sont dans la détresse, un soutien et un défenseur des victimes de l'oppression.

Que la droiture et l'intégrité marquent tous tes actes.

Sois un foyer pour l'étranger, un baume pour ceux qui souffrent, une forteresse pour les fugitifs, des yeux pour les aveugles, un phare pour les égarés.

Sois une parure pour le visage de la vérité, une couronne sur le front de la fidélité, un pilier du temple de la rectitude, un souffle de vie pour le corps de l'humanité, un drapeau des armées de la justice, un flambeau qui brille à l'horizon de la vertu, une rosée pour le sol desséché du

PRIÈRES ET SAGESSE de tous les temps

cœur humain, une arche sur l'océan de la connaissance, un soleil dans le ciel de la bonté, une gemme au diadème de la sagesse, une lumière qui brille au firmament de ta génération, un fruit de l'arbre d'humilité[48].

---

[48] Extrait des écrits de la médiathèque Baha'ie.

*Né le 12 décembre 1917 à Téhéran et mort en 1892 en Palestine, Baha'U'Lla, il fut le fondateur de la foi Baha'ie. Il fut considéré comme un être divin. Il proclamait la paix universelle en invitant les dirigeants du monde à réconcilier leurs différends et à réduire leurs armements. Il fut persécuté dans son pays où il fit la prison et connut l'exil en Palestine.

PRIÈRES ET SAGESSE de tous les temps

81- Prière universelle soufie
Hazrat Inayat Khan

Seigneur plein de grâce,
Maître, Messie et Sauveur de l'humanité,
Nous te saluons en toute humilité.

Tu es la cause première et l'effet ultime,
La lumière divine, l'esprit-guide, alpha et oméga.

Ta lumière réside en toutes formes, ton amour dans tous les êtres ;
En une mère aimante, un père affectueux, un enfant innocent, un ami secourable, un maître inspirateur.

Accorde-nous de te reconnaître sous tous tes noms saints et tous tes aspects,
Tels que Rama, Krishna, Shiva, Bouddha,
Permets-nous de te connaître en Abraham, en Salomon,
En Zarathushtra, en Moïse, en Jésus, en Mahomet.

Et sous bien d'autres noms et d'autres formes que le monde confesse ou ignore.

Nous adorons ton passé.

Ta présence illumine profondément notre être.

Et nous attendons ta bénédiction dans l'avenir.

Ô Messager, Christ, Nabi, le Rasoul de Dieu !
Toi, dont le cœur atteint constamment au Très-Haut,

PRIÈRES ET SAGESSE de tous les temps

Tu viens sur la terre avec un message, comme une colombe céleste quand le dharma décline, et tu prononces la parole mise sur tes lèvres comme la lumière remplit la lune croissante.

Que l'étoile de la lumière divine, brillant dans ton cœur, se reflète dans le cœur de tes dévots.

Que le message de Dieu se répande sur le monde,
Illuminant l'humanité entière,
Et la transformant comme en une seule fraternité
Unie dans la paternité de Dieu[49].

Amine.

---

[49] Puisée du « Centre Soufi Omega ».

82- Principes soufis
Abd Al-Khakiq*

Sois présent à chaque souffle. Respire consciemment. Ne laisse pas ton attention s'égarer, ne serait-ce que le temps d'un soupir. Rappelle-toi de toi-même en toute situation.

Evite les faux pas. Garde présent à l'esprit le but que tu t'es fixé à chacun de tes pas. N'oublie jamais que ton désir c'est la liberté.

Tu voyages vers chez toi. N'oublie pas que tu quittes le monde des apparences pour aller vers le monde de la Réalité.

... Dans toutes tes activités extérieures, garde ta liberté intérieure. Apprends à ne pas t'identifier à quoi que ce soit, c'est-à-dire, sois extérieurement avec les gens, intérieurement avec Dieu. Sois capable d'entrer pleinement dans la vie du monde extérieur sans jamais perdre ta propre liberté.

N'oublie pas ton Ami, c'est-à-dire Dieu. Que la prière de ta langue devienne la prière de ton cœur...

Retourne à Dieu. N'aie d'autre but que d'atteindre la Réalité.

Sois vigilant. Ecarte toutes pensées et images étrangères. Concentre-toi sur ton activité extérieure et intérieure. Apprends à retirer ton attention des images indésirables.

PRIÈRES ET SAGESSE de tous les temps

Souviens-toi. Sois toujours conscient de la qualité de la présence divine. Habitue-toi à reconnaître la présence de Dieu dans ton cœur[50].

---

[50] Extrait de « la voix de l'Itlaq » de Charles Antony.

*Mystique et maître soufi du 12ᵉ siècle.

83- Pensée Soufie
*Ibn 'Arabi**

Prie pour le bien de celui qui a été injuste envers toi, car celui-ci t'a préparé du bien pour ta vie future : si tu pouvais voir ce qu'il en est réellement, tu te rendrais compte que l'injuste t'a fait vraiment du bien pour la vie future.

Alors, la récompense du bienfait ne doit être que le bienfait.

Prie donc pour le bien de celui qui t'a réservé un bien; du reste, le bienfait dans la vie future est permanent.

Ne perds pas de vue cet aspect des choses, et ne sois pas trompé par le fait des dommages qui te résultent ici-bas par l'injustice dont tu es l'objet : il faut considérer cet inconvénient comme le médicament désagréable que doit absorber le malade parce que celui-ci sait quelle utilité il en tirera finalement.

L'injuste joue un rôle équivalent : prie donc pour qu'il ait tout bien[51] !

---

[51] Extrait d'une traduction de Michel Valsant.

*Mystique soufi né en Espagne en 1165 et mort en Syrie en 1240. Il fut l'un des plus grands maîtres du soufisme.

PRIÈRES ET SAGESSE de tous les temps

84- Ô Tout de mon Tout
Hussein Ibn Mansour Al-Hallaj*

Ô Tout de mon Tout.

« Me voici, me voici, ô mon secret, ô ma confidence !
Me voici, me voici, ô mon but, ô mon sens !
Je t'appelle. Non ! C'est Toi qui m'appelle à Toi !
Comment t'aurais-je parlé à Toi si Toi, Tu ne m'avais parlé à moi ?

Ô essence de l'essence de mon existence, ô terme de mon dessein !
Toi qui me fais parler, ô Toi, mes énoncés, Toi, mes cillements !

Ô Tout de mon Tout, ô mon ouïe, ô ma vue !

Ô ma totalité, ma composition et mes parties !

Ô Tout de mon Tout, Tout de toute chose, énigme équivoque, j'obscurcis le tout de Ton tout à vouloir t'exprimer !

Ô Toi, dont mon esprit était privé, lorsque je meurs d'extase, ah !, ton gage reste toujours mon malheur.

Ô suprême objet que je demande et que j'espère, ô mon hôte, ô aliment de mon esprit, ô ma vie dans ce monde et dans l'autre !
Que mon cœur soit ta rançon !

PRIÈRES ET SAGESSE de tous les temps

Ô mon ouïe, ô ma vue ! Pourquoi cette attente si longue dans ma séparation, si loin ?

Ah !, bien qu'à mes yeux tu te caches dans l'invisible, déjà mon cœur te contemple depuis mon éloignement, oui, depuis mon exil ! ».

Me voici, me voici, ô mon but, ô mon sens[52] !

---

[52] Extrait de « Al Hallaj, martyr mystique de l'Islam » par Louis Massignon.

*Poète et mystique persan membre de l'Ordre des Soufis. Il fut dénoncé à cause de ses prédications, arrêté, décapité et brulé.

85- Exhortations d'al-Ghazali
Al-Ghazali*

Allah dit :

« Ô fils d'Adam ! Fais le bien car c'est la clé du Paradis et il conduit vers lui, et évite le mal car il est la clé de l'Enfer et conduit vers lui.

Ô fils d'Adam ! Sache que ce que tu construis est voué à la ruine, que ta vie est vouée à la ruine, que ton corps est voué à la terre et que ce que tu amasses est voué aux héritiers. Ainsi, le bien-être bénéficie aux autres, et à toi, incombent les comptes que tu dois rendre, ainsi que le châtiment et les regrets. Ton seul compagnon dans la tombe c'est ton œuvre. Aussi, exige des comptes à toi-même avant qu'on ne te les exige. Attache-toi à Mon obéissance. Prends garde à Me désobéir. Contente-toi de ce que Je t'ai donné et sois parmi les reconnaissants.

Ô fils d'Adam ! Celui qui commet un péché en rigolant Je le fais entrer en Enfer en pleurant. Celui qui s'assoit en pleurant par crainte de Ma Majesté, Je le fais entrer au Paradis en souriant.

Ô fils d'Adam ! Combien d'hommes riches souhaiteront au jour de la Résurrection d'êtres pauvres ? Combien de tyrans sont humiliés par la mort ? Combien de choses agréables sont rendues amères par la mort ? Combien d'hommes réjouis de leur bien-être sont troublés par la mort ? Combien de joies ont cédé la place à de longues peines ?

PRIÈRES ET SAGESSE de tous les temps

Ô fils d'Adam ! Si les bêtes connaissaient ce que vous savez de la mort elles refuseraient de manger et de boire jusqu'à ce qu'elles meurent de faim et de soif.

Ô fils d'Adam ! S'il n'y a que la mort et ses affres qui s'imposent à toi, tu ne devrais ni te calmer la nuit ni te reposer le jour. Qu'en serait-il lorsque tu sais que l'après de la mort est encore plus terrible ?

Ô fils d'Adam ! Mets son secret derrière toi grâce aux délices que tu obtiendras dans ta vie future et que tes regrets portent sur les biens que tu raterais dans la vie de l'Au-delà. Ne te réjouis pas trop de ce que Je te donne dans ta vie d'ici-bas et ce que tu en rates ne doit pas te pousser aux remords.

Ô fils d'Adam ! De la poussière Je t'ai créé, vers la poussière Je te remmènerai et de la terre je te ressusciterai. Fais tes adieux au bas-monde, prépare-toi pour la mort et sache que lorsque J'aime un serviteur Je l'éloigne du bas-monde, Je le prépose pour la vie future el Je lui fais voir les défauts du bas-monde pour qu'il l'évite et œuvre selon l'agir des gens voués au Paradis pour que Je le fasse entrer au Paradis par Ma miséricorde. Et lorsque Je déteste un serviteur je l'occupe par le bas-monde et je le prépose pour œuvrer en ce sens afin qu'il, soit de ceux qui sont voués à l'Enfer où Je le précipite.

Ô fils d'Adam ! Toute vie connaît sa fin même si elle s'allonge. Le bas-monde est semblable à l'ombre qui dure quelques moments puis s'efface et ne revient plus vers toi.

PRIÈRES ET SAGESSE de tous les temps

Ô fils d'Adam ! C'est Moi qui t'ai créé. C'est Moi qui t'ai accordé des subsistances. C'est Moi qui t'ai donné la vie. C'est moi qui te ferai mourir. C'est Moi qui te ressusciterai. C'est Moi qui te demanderai des comptes. Si tu commets un mal Je le verrai, bien que pour toi même tu ne possèdes aucun pouvoir de nuire ou d'être bénéfique ou de faire mourir ou de faire vivre ou de faire ressusciter.

Ô fils d'Adam ! Obéis-Moi, sers-Moi et ne te soucie pas des subsistances car Je Me charge de cette affaire. Aussi ne te soucie pas d'une chose que Je prends en charge.

Ô fils d'Adam ! Comment pouvais-tu assumer les conséquences de ce qui n'a pas été décrété à ton encontre, de la même manière que tu ne reçois pas de rétribution pour une œuvre que tu n'as pas accomplie ?

Ô fils d'Adam ! Celui dont la mort est sa finalité comment peut-il se réjouir du bas-monde ? Celui dont la tombe est sa demeure comment peut-il se réjouir dans sa maison ici-bas ?

Ô fils d'Adam ! Peu de subsistances pour lesquelles tu rends grâce sont meilleures que beaucoup de subsistances pour lesquelles tu ne rends pas grâce.

Ô fils d'Adam ! Le meilleur de tes biens est ce que tu offres avant de partir et le pire de tes biens est ce que tu laisses derrière toi en ce bas-monde. Aussi offre pour toi-même un bien que tu retrouveras auprès de Moi avant que la mort ne t'emporte.

PRIÈRES ET SAGESSE de tous les temps

Ô fils d'Adam ! A celui qui croule sous les soucis c'est Moi qui dissipe son souci. A celui qui demande pardon c'est Moi qui lui pardonne. Celui qui se repent c'est Moi qui l'ai interpellé. Celui qui est nu c'est Moi qui le couvre. Celui qui a peur c'est Moi qui le rassure. Celui qui a faim c'est Moi qui le rassasie. Et lorsque Mon serviteur M'obéit et agrée Mon Ordre Je lui facilite son affaire, Je le soutiens et Je dilate sa poitrine.

Ô Mûsâ (Moïse) ! Celui qui s'enrichit par les biens des pauvres et des orphelins, Je le réduits à la pauvreté en ce bas-monde et Je le châtie dans la vie future. Celui qui opprime les pauvres et les faibles, Je voue son édifice à la ruine et Je le loge en enfer[53].

---

[53] Exhortation No. 38 puisée du site « Bibliothèque Islamique ».

*Al-Ghazali, 1058-1111, soufi et mystique musulman d'origine persane.

PRIÈRES ET SAGESSE de tous les temps

86- Litanies du St. Esprit
Extrait des litanies catholiques.

Esprit du Seigneur, qui au commencement du monde, planais sur les eaux, et les avait rendues fécondes, Sauve-nous.

Esprit par l'inspiration duquel les saints hommes de Dieu ont parlé, Sauve-nous.

Esprit dont l'onction nous apprend toutes choses, Sauve-nous.

Esprit qui rend témoignage de Jésus-Christ, Sauve-nous
Esprit de vérité qui nous instruit de toutes choses, Sauve-nous.

Esprit qui est survenu en Marie, Sauve-nous.

Esprit du Seigneur, qui remplit toute la terre, Sauve-nous.

Esprit de Dieu qui est en nous, Sauve-nous.

Esprit de sagesse et d'intelligence, Sauve-nous.

Esprit de conseil et de force, Sauve-nous.

Esprit de science et de piété, Sauve-nous.

Esprit de crainte du Seigneur, Sauve-nous.

Esprit de grâce et de miséricorde, Sauve-nous.

PRIÈRES ET SAGESSE de tous les temps

Esprit de force, de dilection et de sobriété, Sauve-nous.

Esprit de foi, d'espérance, d'amour, Sauve-nous.

Esprit de paix et de joie, Sauve-nous.

Esprit d'humilité et de chasteté, Sauve-nous.

Esprit de bonté et de douceur, Sauve-nous.

Esprit de toutes sortes de grâces, Sauve-nous.

Esprit qui sonde même les secrets de Dieu, Sauve-nous.

Esprit qui prie pour nous par des gémissements ineffables, Sauve-nous.

Esprit qui est descendu sur Jésus-Christ sous la forme d'une colombe, Sauve-nous.

Esprit par lequel nous prenons une nouvelle naissance, Sauve-nous.

Esprit qui remplit nos cœurs de charité, Sauve-nous.

Esprit d'adoption des enfants de Dieu, Sauve-nous.

Esprit qui a paru sur les disciples sous la figure de langues de feu, Sauve-nous.

Esprit dont les Apôtres ont été remplis, Sauve-nous.

Esprit qui distribue tes dons à chacun selon ta volonté, Sauve-nous.

87- Litanies au Saint-Esprit
Extrait des litanies catholiques.

Don du Dieu Très-Haut, viens en nous
Source de grâces, viens en nous.
Feu sacré, viens en nous.
Onction spirituelle, viens en nous.

Esprit de vérité, viens en nous.
Esprit de sagesse et d'intelligence, viens en nous.
Esprit de conseil et de force, viens en nous.
Esprit de science et de pitié, viens en nous.
Esprit de crainte du Seigneur, viens en nous.

Esprit de grâce et de prière, viens en nous.
Esprit de componction et de confiance, viens en nous.
Esprit de douceur et d'humilité, viens en nous.
Esprit de paix et de patience, viens en nous.
Esprit de modestie et de pureté, viens en nous.

Esprit consolateur, viens en nous.
Esprit du Seigneur qui remplis l'univers, viens en nous.
Esprit d'infaillibilité qui dirige l'Eglise, viens en nous.
Esprit Saint, exauce-nous.

PRIÈRES ET SAGESSE de tous les temps

88- Prière à l'Esprit Saint
St. Augustin*

Respire en moi, Saint-Esprit, afin que je pense ce qui est saint.

Agis en moi, Saint-Esprit, afin que je fasse ce qui est saint.

Attire-moi, Saint-Esprit, afin que j'aime ce qui est saint.

Affermis-moi, Saint-Esprit, afin que je garde ce qui est saint.

Garde-moi, Saint-Esprit, afin que je ne perde jamais ce qui est saint.

---

* St. Augustin, philosophe et théologien catholique algérien, l'un des pères et docteurs de l'église. Il fut influencé par les philosophes grecs Platon, Aristote, Plotin et par Cicéron, orateur et consul romain.

89- Notre Dame de la Vie
Pape Jean-Paul II.

Notre Dame de la Vie,
Merci.

Tu nous accompagnes
Jour après jour.
Soutiens-nous dans notre Foi,
Dans notre Espérance
Et dans notre Amour.

Notre Dame de la Vie,
Tu as donné la vie à Jésus.
Il est notre Sauveur.
Protège-nous et soutiens
Nos familles.

Notre Dame de la Vie,
Prie pour nous.
Veille sur notre monde
Apprends-nous
La confiance et le courage
La disponibilité et le service.

PRIÈRES ET SAGESSE de tous les temps

90- Mère de Dieu
Jean Paul II

Mère de Dieu
Mère de toutes nos routes tortueuses,
Et de toutes nos vies fracturées,
Accorde-nous, toi, pleine de grâce,
De vivre dans la grâce et de persévérer.
Reçois-nous avec nos problèmes quotidiens,
Nos déficiences,
Nos crises personnelles, familiales, sociales.

Par ta prière, obtiens-nous la justice.
Nous te confions et te consacrons
Tous ceux qui sont rejetés,
Tous ceux qui ont la nostalgie d'un abri,
Et tous ceux qui se sentent seuls.

Répands dans notre cœur à tous
La sagesse de la paix, la force de la justice
Et la joie de l'amitié.

PRIÈRES ET SAGESSE de tous les temps

91- Prière à Notre Dame
Serge Pothel

Je Vous invoque Notre Dame, première émanation de la divinité.

Je Vous invoque, matrice primordiale, source de toute manifestation et de toute vie.

Je Vous invoque, ordonnatrice des univers et souveraine des mondes visible et invisible.

Je Vous invoque, puissance éternelle, animatrice de toute création.

Je Vous invoque trône de justice et de miséricorde.

Je Vous invoque, océan infini de tendresse, de compassion et d'amour.

Je vous salue, ô mère et je vous prie de me bénir, de me protéger, de me guider dans toutes mes démarches pour que mes pas ne s'écartent pas du chemin de votre justice et de votre vérité.

Accordez-moi de mieux Vous connaitre et, si Vous m'en jugez digne, d'être un instrument de votre volonté.

Bénissez, dans leur vie, et protégez ceux qui me sont chers ; mes amis, mes parents, mes enfants et petits-enfants.

PRIÈRES ET SAGESSE de tous les temps

Bénissez et protégez les hommes de bonne volonté et de service, où qu'ils se trouvent, et accordez leur les moyens d'accomplir la mission de leur vie.

Inspirez aux dirigeants de tous les peuples de la terre un idéal de paix, de progrès, de coopération, de solidarité et de fraternité.

Je Vous prie, ô Mère, de projeter lumière et amour dans la conscience de ceux qui, par méchanceté ou par ignorance, commettent ou soutiennent le mal afin qu'ils réalisent que nous sommes tous issus de Vous et, par conséquent, frères et sœurs en humanité.

Ainsi soit-il.

92- Supplique à Notre Dame
Serge Pothel

Mère de toutes les bénédictions,
Mère de tous les bienfaits,
Mère de toutes les consolations,
Mère de toute miséricorde,
Recours dans les moments d'angoisse, de crainte, de détresse, de désespoir, nous nous prosternons à tes genoux et sollicitons ton amour, ta bonté, ta compassion et ta tendresse.

Aide-nous à surmonter nos difficultés présentes, à traverser cette étape pénible de notre existence.

Puisque cette expérience est nécessaire à notre développement spirituel, donne-nous la force et le courage de la vivre pleinement et d'en comprendre le bien-fondé.

Fais-nous connaitre nos erreurs, nos péchés, fais que nous en ayons la contrition et que nous en obtenions le pardon.

93- Prière de Miséricorde

Bienfaiteur de tous ceux qui se tournent vers Toi,
Lumière de tous ceux qui sont dans les ténèbres,
Principe Créateur de toutes les semailles,
Jardinier de toute croissance spirituelle, aie pitié de moi,
Seigneur,
Et fais de moi un temple sans reproche.
Ne considère pas mes péchés :
Si Tu prends garde à mes fautes,
Je ne pourrai plus soutenir Ta Présence,
Mais par Ton immense miséricorde
Et Ta compassion infinie,
Efface mes souillures par notre Seigneur Jésus-Christ,
Ton unique enfant, très Saint,
Le Médecin de nos âmes.
Par Lui Te soient Rendus toute gloire,
Puissance, honneur, et magnificence,
Dans les âges des âges qui ne vieillissent ni ne finissent !
Amen.

(Prière chrétienne du 3e siècle.)

PRIÈRES ET SAGESSE de tous les temps

94- La Sagesse Créatrice

Yahvé m'a créée, prémices de son œuvre,
Avant ses œuvres les plus anciennes
Dès l'éternité je fus établie,
Dès le principe avant l'origine de la terre,
Quand les abimes n'étaient pas, je fus enfantée,
Quand n'étaient pas les sources abondantes.

Avant que fussent implantées les montagnes,
Avant les collines, je fus enfantée ;
Avant qu'il eut fait la terre et la campagne
Et les premiers éléments du monde.

Quand il affermit les cieux, j'étais là,
Quand il traça un cercle à la surface de l'abime,
Quand il condensa les nuées d'en haut,
Quand se gonflèrent les sources de l'abime,
Quand il assigna son terme à la mer,
Et les eaux n'en franchiront pas le bord.

Quand il traça les fondements de la terre,
J'étais à ses côtés comme le maître d'œuvre,
Je faisais ses délices, jour après jour,
M'ébattant tout le temps en sa présence,
M'ébattant sur la surface de la terre
Et trouvant mes délices parmi les enfants des hommes[54].

---

[54] Extrait de « La Bible de Jérusalem, Proverbes 8, verset 22- 37 ».

PRIÈRES ET SAGESSE de tous les temps

95- Ô formes d'éternité

Ô formes d'éternité, me voici.

Je suis une parcelle des parcelles de la Grande Âme Incandescente, une parcelle des parcelles de la Divinité.

Je suis l'éternel Amant de la Divine Amie.

Avant toute création, Elle existait.

Avant toute forme, Elle existait.

Quand il n'y avait rien, Elle était.

Quand le Rien n'était pas nommé, Elle était.

Quand le Chaos était roi, Elle était.

Quand le Chaos devint l'Ordre, Elle était.

Quand le Destin n'était pas, Elle était.

Quand le Destin montra sa face, Elle était.

Quand on ne l'a pas trouvée, Elle est.

Quand on ne la voit pas, Elle est.

Elle n'est pas à droite. Elle n'est pas à gauche.

Elle n'est pas dessus. Elle n'est pas dessous.

PRIÈRES ET SAGESSE de tous les temps

Elle est dedans, elle est dedans, elle est dedans.
Condensée dans les éthers, Elle est lumière.
Condensée dans la matière, Elle est chaleur.
Condensée dans les corps, Elle est mouvement.
Condensée dans les cieux, Elle est nuage.
Condensée dans la terre, Elle est feu, Elle est glace, Elle est source vive.
Condensée dans la graine, Elle est l'arbre.
Condensée dans le germe, Elle est moi-même, je suis Elle et Elle est moi.

« Donc, salut à la parcelle des parcelles de la Grande Âme Incandescente, par-delà la façade de l'Infini, salut à l'âme pure dans sa recherche du Divin Dessous, salut à l'éternel Amant de la Divine Amie ».

« Donc, salut au possesseur des clefs du mystère, au maître des philtres et des talismans, à cet enchanteur de vérité sur les chemins de vérité ».

« Donc, salut à ce roi d'un empire intérieur, assis sur les rives du rêve et de l'enchantement, au fond de la retraite où brûle l'esprit immortel ».

« Donc, salut à ce prince du sentiment qui possède dans sa poitrine le briquet du génie, et le clou de l'équilibre fixé dans son cœur ».

PRIÈRES ET SAGESSE de tous les temps

« Donc, salut à ce ressuscité dans les veines duquel habite la vérité à la manière des parfums, et dont le cœur est un magasin d'aromates des Échelles de l'Encens ».

« Donc, salut par millions de saluts à la Forme resurgie divine, salut à ce dieu renouvelé qui s'est rencontré avec l'ipséité de l'Unique, qui s'est fondu dans les Formes Divines ».

« Passe, tu es pur ».

« Désormais, rien que vérité, rien que vigueur, rien que vie, santé, force ».

« Désormais rien que félicité paix, béatitude ».

« Excellent, excellent ».

« Passe, tu es pur[55] ».

---

[55] Extrait de « le Livre de la Vérité de la Parole » ; (texte égyptien antique) : traduction du docteur Joseph Charles Mardrus et de François Louis Schmied.

PRIÈRES ET SAGESSE de tous les temps

96- Prière pour mes ennemis
Karl Von Eckharthausen*

Seigneur, enseigne-moi toute la grandeur de ta divinité; enseigne-moi qu'un cœur pur est le don le plus précieux, le repentir la meilleure offrande de réconciliation et l'amour de mes frères le présent le plus magnifique que je puisse t'offrir.

Je viens donc à toi, Être infiniment bon et je t'apporte l'offrande de mon cœur ; et cette offrande est amour et réconciliation.

Je fais ici le vœu, Seigneur, de ne jamais chercher à nuire à celui qui a cherché à me nuire, et de ne jamais maudire celui qui m'a maudit. Je traiterai avec bonté celui qui me hait ; et, plein d'amour, je tendrai mes bras à celui qui m'a repoussé avec haine. Que mon ennemi m'accable d'injures, je le bénirai et ma vengeance sera un nouvel amour.

Dans les jours de l'infortune, j'ouvrirai mon sein à celui qui m'a rejeté du sien, et je sécherai les larmes de celui qui n'aura point voulu voir les miennes.

Je dirai du bien de celui qui me calomniera et j'étendrai un voile sur les fautes de celui qui aura, sans charité, relevé les miennes. Seigneur, c'est là l'offrande d'amour que je t'apporte; reçois-la avec bonté, et envoie, du haut des cieux, bonheur et bénédiction à celui qui me persécute.

Éclaire son cœur et rends son âme encore susceptible d'amour ; alors nous irons, les bras entrelacés, porter nos

PRIÈRES ET SAGESSE de tous les temps

cœurs sur l'autel de l'amour, en offrande de réconciliation et nous nous écrierons vers toi, Seigneur :

« Pardonne-nous nos offenses, comme nous les pardonnons à ceux qui nous ont offensés.

---

*Écrivain et philosophe mystique allemand né en 1752 et mort en 1803 ; auteur de « la Nuée sous le Sanctuaire ». Il fut membre des illuminés de Bavière.

PRIÈRES ET SAGESSE de tous les temps

97- **Pour ta gloire, Seigneur**
Auteur anonyme.

Accorde-moi la grâce de n'avoir qu'une souffrance, celle de faire souffrir ; et qu'une seule joie, celle d'aider mes frères à être moins malheureux.

Pour que mes frères soient moins malheureux, Accorde-moi un esprit souple, à fin que j'accepte de paraître faible ou sans défense, plutôt que de peiner ou de briser.

Accorde-moi un esprit droit, à fin que je n'interprète jamais en mal la peine que l'on me fait.

Accorde-moi un esprit simple, à fin que je ne sois pas un poids pour ceux qui m'entourent.

Accorde-moi, Seigneur, un cœur ardent, à fin que je reste ouvert à ceux qui pourraient me haïr, m'envier ou me jalouser.

Accorde-moi un cœur humble, à fin que je ne me raidisse pas devant les critiques, les procédés déloyaux, les jugements durs ou hâtifs.

Accorde-moi un cœur large, afin que je supporte les étroitesses d'esprit et les égoïsmes révoltants.

Accorde-moi, Seigneur, une volonté ferme, à fin que je persévère malgré la fatigue et malgré l'ingratitude.

Accorde-moi, une volonté patiente, à fin que mes frères soient heureux malgré leurs défauts, malgré leur faiblesse.

PRIÈRES ET SAGESSE de tous les temps

Accorde-moi une volonté rayonnante, à fin qu'autour de moi personne ne se décourage, personne ne désespère.

Accorde-moi de ne jamais juger sans preuve et de juger avec miséricorde.

Accorde-moi de ne jamais croire au mal que l'on me dit des autres et surtout de ne jamais le répéter.

Accorde-moi surtout de savoir écouter, de savoir deviner, de savoir pardonner.

Afin que mes frères soient moins malheureux.

PRIÈRES ET SAGESSE de tous les temps

98- Prière de Saint Siméon*

Ô sainte et Souveraine Mère de Dieu, lumière de mon âme dans les ténèbres, tu es mon espérance, mon appui, ma consolation, mon refuge et mon bonheur.

Toi qui as donné le jour à la vraie lumière de l'immortalité, éclaire les yeux de mon cœur.

Toi qui as mis au monde la source de l'immortalité, donne-moi la vie, car le péché me fait mourir !

Mère du Dieu de miséricorde, aie pitié de moi et mets le repentir dans mon cœur, l'humilité dans mes pensées, la réflexion dans mes raisonnements.

Rends-moi digne jusqu'à mon dernier soupir d'être sanctifié par ces mystères, pour la guérison de mon corps et de mon âme.

Accorde-moi les larmes de la pénitence, afin que je te chante et te glorifie tous les jours de ma vie, car tu es bénie pour les siècles des siècles.

---

*Saint chrétien de Syrie ayant vécu de 392 à 459.

PRIÈRES ET SAGESSE de tous les temps

99-   Pensée de St. Augustin*

Aime et fais ce que tu veux.
Si tu te tais, tais-toi par amour,
Si tu parles, parle par amour,
Si tu corriges, corrige par amour,
Si tu pardonnes, pardonne par amour.

Aie au fond du cœur la racine de l'amour :
De cette racine, rien ne peut sortir de mauvais.

---

*Philosophe, chrétien et docteur de l'église ; né en Algérie en 354 et mort en 430. Il fut évêque d'Hippone en Algérie.

PRIÈRES ET SAGESSE de tous les temps

100- Prière de Saint Basile de Césarée*

Seigneur, Dieu éternel, lumière sans commencement ni fin, artisan de toute la création, source de pitié, océan de bonté, abîme insondable d'amour pour les hommes, fais briller sur nous la lumière de ton visage.

Luis dans nos cœurs, soleil de justice et remplis nos âmes de ta joie.

Apprends-nous à méditer sans cesse, à nous inspirer de tes commandements et sans cesse témoigner pour toi, notre Maître et notre Bienfaiteur.

Aide-nous à faire ce que tu aimes, pour que, malgré notre indignité, ton nom soit glorifié, Père, Fils et Saint-Esprit.

---

*Né en 329 et mort en 379 à Césarée de Turquie dont il fut l'évêque. Il fut l'un des pères et docteurs de l'église.

PRIÈRES ET SAGESSE de tous les temps

101- Prière de St. Clément de Rome*

Nous t'en prions, ô Tout-Puissant.
Sois notre secours et notre défenseur.

Sauve les opprimés,
Prends en pitié les petits,
Relève ceux qui sont tombés,
Montre-toi à ceux qui sont dans le besoin,
Guéris les malades,
Ramène ceux qui de ton peuple se sont égarés,
Donne la nourriture à ceux qui ont faim, la liberté à nos prisonniers ;
Redresse les faibles,
Console les pusillanimes ;
Et que tous les peuples reconnaissent
Que seul tu es Dieu,
Que Jésus-Christ est ton enfant,
Que nous sommes ton peuple et les brebis de ton bercail.
Donne la concorde et la paix,
À nous et à tous les habitants de la terre,
Comme tu l'as accordée à nos pères,
Qui te priaient dans la foi et dans la vérité,
Soumis à ta toute-puissance et à ta sainteté.

Aux princes et à nos chefs, sur la terre,
C'est toi, Maître souverain,
Qui leur as donné pouvoir et royauté, par ta puissance merveilleuse et ineffable,
À fin que, reconnaissant la gloire et l'honneur
Que tu leur as départis,
Nous leur demeurions soumis,
Pour ne pas contredire ta volonté.

PRIÈRES ET SAGESSE de tous les temps

Accorde-leur, Seigneur,
La santé, la paix, la concorde, la stabilité,
Pour qu'ils exercent sans erreur
La souveraineté que tu leur as octroyée.

Oui, c'est toi, Maître céleste et Roi des âges,
Qui dispenses aux fils des hommes
Gloire, honneur et puissance
Sur les choses de la terre ;
Dirige, Seigneur, leur conseil, suivant ce qui est bien,
Suivant ce qui est agréable à tes yeux,
En sorte qu'ils exercent avec piété,
Dans la paix et la mansuétude,
Le pouvoir que tu leur as donné,
Et reçoivent tes faveurs.
Seul, tu as la puissance de réaliser ces choses
Et d'en procurer de plus grandes encore.

Nous te rendons grâces par le grand prêtre
Et le protecteur de nos âmes, Jésus-Christ.
Par Lui te soient rendues gloire et magnificence
Et maintenant
Et de génération en génération
Et dans les siècles des siècles[56] ;

Amen !

---

[56] Extrait de la lettre aux chrétiens de Corinthe

* Il fut évêque de Rome et le 3e ou 4e Pape après st Pierre au cours du premier siècle.

PRIÈRES ET SAGESSE de tous les temps

102- Prière de St. Grégoire de Naziance

O Toi l'au-delà de tout,
Comment t'appeler d'un autre nom ?
Quelle hymne peut te chanter ?
Aucun mot ne t'exprime.

Quel esprit te saisir ?

Nulle intelligence ne te conçoit.

Seul, tu es ineffable ; tout ce qui se dit est sorti de toi.

Seul, tu es inconnaissable ; tout ce qui se pense est sorti de toi.

Tous les êtres te célèbrent, ceux qui parlent et ceux qui sont muets.

Tous les êtres te rendent hommage, ceux qui pensent comme ceux qui ne pensent pas.

L'universel désir, le gémissement de tous aspire vers toi tout ce qui existe te prie et vers toi tout être qui sait lire ton univers fait monter un hymne de silence.

Tout ce qui demeure, demeure en toi seul.

Le mouvement de l'univers déferle en toi.

De tous les êtres tu es la fin, tu es unique.

Tu es chacun et tu n'es aucun.

PRIÈRES ET SAGESSE de tous les temps

Tu n'es pas un être seul, tu n'es pas l'ensemble :
Tu as tous les noms,
Comment t'appellerai-je ?

Toi le seul qu'on ne peut nommer ;
Quel esprit céleste pourra pénétrer les nuées qui voilent le ciel lui-même ?

Aie pitié, ô Toi, l'au-delà de tout ;
Comment t'appeler d'un autre nom ?

---

* Grégoire de Naziance* (329-v.390) ;
Evêque de Constantinople, il fut un des pères et des docteurs de l'église.

PRIÈRES ET SAGESSE de tous les temps

103- Prière de St Jean de la Croix*

Prends-moi, Seigneur, dans la richesse divine de ton silence, plénitude capable de tout combler en mon âme.

Fais taire en moi ce qui n'est pas toi, ce qui n'est pas ta présence toute pure, toute solitaire, toute paisible.

Impose silence à mes désirs, à mes caprices, à mes rêves d'évasion, à la violence de mes passions.

Couvre par ton silence, la voix de mes revendications, de mes plaintes.

Imprègne de ton silence ma nature trop impatiente de parler, trop portée à l'action extérieure et bruyante.

Impose même silence à ma prière, pour qu'elle soit élan vers toi.

Fais descendre ton silence jusqu'au fond de mon être et fais remonter ce silence vers toi en hommage d'amour !

---

* St Jean de la Croix, prêtre et docteur de l'église né en Avila le 24 juin 1542 et mort le 14 décembre 1592 à Ubeda. Il fut le conseiller spirituel de Ste Thérèse d'Avila.

PRIÈRES ET SAGESSE de tous les temps

104- Prière de St Thomas d'Aquin*

Seigneur, mets de l'ordre dans ma vie, et ce que Tu veux que je fasse, donne-moi de le connaître ; donne-moi de l'accomplir comme il faut et comme il est utile au salut de mon âme.

Que j'aille vers Toi, Seigneur, par un chemin sûr, droit, agréable et menant au terme.

Un chemin qui ne s'égare pas entre les prospérités et les adversités, en sorte que je Te rende grâce dans les choses prospères et que je garde la patience dans les choses adverses, ne me laissant ni exalter par les premières, ni abattre par les secondes.

Seigneur, que toute joie me fatigue qui est sans Toi, et que je ne désire rien en dehors de Toi.

Que tout travail, Seigneur, me soit agréable pour Toi, et tout repos insupportable qui est sans Toi.

Donne-moi souvent de porter mon cœur vers Toi, et quand je faiblis, de peser ma faute avec douleur, avec un ferme propos de me corriger.

---

* St Thomas d'Aquin, philosophe et théologien italien né à Aquino en 1224 et mort en 1274. Canonisé le 18 juillet 1323, il fut par la suite proclamé docteur de l'église. Au concile Vatican 2, il fut proposé que son enseignement soit utilisé pour la formation des prêtres. Il fut influencé par le philosophe grec Aristote et al-Ghazali, un soufi musulman d'origine persane.

105- Soliloque de St. Augustin d'Hippone

Ô Dieu, créateur de l'univers !

Accorde-moi d'abord de bien te prier, ensuite de me rendre digne d'être exaucé par toi, et enfin d'être délivré,

Ô Dieu ! Toi par qui toutes les choses qui n'auraient pas d'existence par elles-mêmes tendent à exister,

Ô Dieu ! Toi qui ne laisses pas mourir les créatures mêmes celles qui se détruisent l'une l'autre,

Ô Dieu ! Toi qui, à partir du rien, crée ce monde, cette création que les yeux de tous les hommes regardent comme un chef d'œuvre,

O Dieu ! Toi qui n'es pas l'auteur du mal et qui ne le permets que pour prévenir un plus grand mal,

Ô Dieu ! Toi qui fais voir au petit nombre de ceux qui se tournent vers la vérité que le mal lui-même n'est rien,

Ô Dieu ! Toi qui donnes la perfection à l'univers, même avec des défauts,

Ô Dieu ! Toi dont les ouvrages n'offrent aucune dissonance, puisque ce qu'il y a de plus imparfait répond à ce qu'il y a de meilleur,

Ô Dieu ! Toi qu'aime toute créature qui peut aimer, le sachant ou à son insu,

PRIÈRES ET SAGESSE de tous les temps

Ô Dieu ! Toi en qui sont toutes choses et qui ne se résigne à rien de mal, ni à la honte, ni à la méchanceté, ni aux erreurs de quelque créature que ce soit,

Ô Dieu ! Toi qui as voulu que les cœurs purs connaissent, eux seuls, la vérité,

Ô Dieu ! Toi père de la vérité, père de la sagesse, père de la véritable et souveraine vie, père de la béatitude, père du bon et du beau, père de la lumière intelligible, père des avertissements et des inspirations qui dissipent notre assoupissement, père de celui qui nous a enseigné à retourner vers toi !

Je T'appelle !

Ô Dieu de vérité ! Toi dans qui, de qui et par qui sont vraies toutes les choses qui sont vraies,

Ô Dieu de sagesse ! Toi dans qui, de qui et par qui sont sages tous les êtres doués de sagesse,

Ô Dieu véritable et souveraine vie ! Toi dans qui, de qui et par qui vivent tous les êtres qui possèdent la véritable et souveraine vie,

Ô Dieu de béatitude ! Toi en qui, de qui, et par qui sont heureuses toutes les créatures qui jouissent de la félicité,

Ô Dieu, de bonté et beauté ! Toi par qui, de qui et dans qui sont bonnes et belles toutes les choses qui possèdent la bonté et la beauté,

PRIÈRES ET SAGESSE de tous les temps

Ô Dieu, lumière intelligible ! Toi dans qui, de qui et par qui sont rendues intelligibles toutes les choses qui brillent à notre esprit,

Ô Dieu ! Toi qui as pour royaume ce monde intellectuel, que les sens ne peuvent apercevoir,

Ô Dieu ! Toi qui gouvernes ton royaume par des lois dont nos empires terrestres ne sont que le pâle reflet.

Ô Dieu ! Se détourner de Toi c'est tomber, se convertir à Toi c'est se relever, demeurer en Toi c'est se conserver.

Ô Dieu ! Se retirer de Toi c'est mourir, retourner vers Toi c'est ressusciter, habiter en Toi c'est vivre.

Ô Dieu ! Personne ne Te quitte, s'il n'est trompé, personne ne Te cherche, s'il n'est averti, personne ne Te trouve s'il n'est purifié.

Ô Dieu ! T'abandonner c'est mourir, être attentif à Toi c'est T'aimer, Te voir c'est Te posséder.

Ô Dieu ! C'est vers Toi que la foi nous éveille, à Toi que l'espérance nous élève, à Toi que la charité nous unit.

Ô Dieu ! Par qui nous triomphons de l'ennemi, je T'implore !

Ô Dieu ! C'est à Toi que nous devons de ne pas mourir entièrement.

C'est Toi qui nous exhortes à veiller

PRIÈRES ET SAGESSE de tous les temps

C'est Toi qui nous fais distinguer le bien du mal
C'est Toi qui nous fais embrasser le bien et fuir le mal
C'est par ton secours que nous résistons à l'adversité
C'est par Toi que nous savons bien commander et bien obéir.

C'est Toi qui nous apprends à regarder comme étrangères les choses que nous croyions autrefois nous appartenir, et comme nous appartenant celles que nous regardions autrefois comme étrangères.

C'est Toi qui empêches en nous l'attachement aux plaisirs et aux attraits de la méchanceté,
C'est Toi qui ne permets pas que les vanités du monde nous rapetissent,
C'est par Toi que ce qu'il y a de plus grand en nous n'est pas soumis à ce qu'il y a d'inférieur,
C'est par Toi que la mort sera absorbée dans sa victoire,
C'est Toi qui nous convertis, c'est Toi qui nous dépouilles de ce qui n'est pas et qui nous revêts de ce qui est,
C'est Toi qui nous rends dignes d'être exaucés,
C'est Toi qui nous fortifies,
C'est Toi qui nous persuades de toute vérité,
C'est Toi qui nous suggères toute bonne pensée, qui ne nous ôte pas le sens et qui ne permets à personne de nous l'ôter,
C'est Toi qui nous rappelles dans la voie,
C'est Toi qui nous conduis jusqu'à la porte,
C'est Toi qui fais ouvrir à ceux qui frappent,
C'est Toi qui nous donnes le pain de vie,
C'est par Toi que nous désirons de boire à cette fontaine qui doit nous désaltérer à jamais,

PRIÈRES ET SAGESSE de tous les temps

C'est Toi qui es venu convaincre le monde sur le péché, sur la justice et sur le jugement,
C'est par Toi que ceux qui ne croient pas n'ébranlent point notre foi,
C'est par Toi que nous improuvons l'erreur de ceux qui pensent que les âmes ne trouvent rien auprès de Toi,
C'est par Toi que nous ne sommes pas assujettis aux éléments faibles et pauvres.

Ô Dieu ! Qui nous purifies et nous prépares aux récompenses éternelles, sois-moi favorable !
Ô Dieu ! Qui es seul tout ce que je viens de dire, viens à mon secours,
Tu es la seule substance éternelle et véritable, où il n'y a ni discordance, ni confusion, ni changement, ni indigence, ni mort, mais souveraine concorde, évidence souveraine, souveraine immutabilité, souveraine plénitude, souveraine vie.

Rien ne manque en Toi, rien n'y est superflu.

En Toi celui qui engendre et celui qui est engendré n'est qu'un.

Ô Dieu ! C'est à Toi que sont soumises toutes les créatures capables de soumission.

C'est à Toi qu'obéit toute âme bonne ; d'après tes lois les pôles tournent, les astres poursuivent leur course, le soleil active le jour, la lune repose la nuit, et pendant les jours que forment les vicissitudes de la lumière et de l'obscurité, pendant les mois dus aux accroissements et aux décroissements de la lune, pendant les années que composent ces

PRIÈRES ET SAGESSE de tous les temps

successions de l'été, de l'automne, du printemps et de l'hiver, pendant ces lustres où le soleil achève sa course, au milieu de ces orbes immenses que décrivent les astres pour revenir sur eux-mêmes, le monde entier observe, autant que la matière insensible en est capable, une constance invariable dans la marche et les révolutions du temps,

Ô Dieu ! C'est Toi qui, par les lois constantes que tu as établies, éloignes le trouble du mouvement perpétuel des choses muables, et qui, par le frein des siècles qui s'écoulent, rappelles ce mouvement à l'image de la stabilité.

Tes lois donnent à l'âme le libre arbitre, et selon les règles inviolables que rien ne peut détruire, assignent des fruits à la bonté et la perte à la méchanceté.

Ô Dieu ! C'est de Toi que nous viennent tous les biens.

C'est Toi qui empêches tous les maux de nous atteindre,

Ô Dieu ! Rien n'est au-dessus de Toi, rien n'est hors de Toi, rien n'est sans Toi.

Ô Dieu ! Tout t'est assujetti, tout est en Toi, tout est avec Toi.

Tu as fait l'homme à ton image et à ta ressemblance, ce que connaît celui qui se connaît.

Exauce, exauce, exauce-moi,
Ô mon Dieu,
Ô mon Seigneur,

PRIÈRES ET SAGESSE de tous les temps

Mon roi,
Mon père,
Mon Créateur,
Mon espérance,
Mon bien,
Ma gloire,
Ma demeure,
Ma patrie,
Mon salut,
Ma lumière,
Ma vie,
Exauce, exauce, exauce-moi, à la manière que si peu connaissent.

Enfin, je n'aime que Toi, je ne veux suivre que Toi, je ne cherche que Toi, je suis disposé à ne servir que toi.

Toi seul as droit de me commander.
Je désire être à Toi.

Commandes, je T'en prie ; prescris tout ce que Tu voudras. Mais guéris et ouvres mon oreille pour que j'entende ta voix.

Guéris et ouvres mes yeux pour que je puisse apercevoir les signes de ta volonté.

Éloigne de moi la folie, afin que je te connaisse.

Dis-moi où et comment je dois regarder pour te voir, et j'ai la confiance d'accomplir fidèlement tout ce que tu m'ordonneras.

PRIÈRES ET SAGESSE de tous les temps

Reçois, je T'en supplie.
Ô Dieu et père très clément, ce fugitif dans ton empire.

Ah ! J'ai souffert assez longtemps, assez longtemps j'ai été l'esclave des ennemis que tu foules aux pieds, assez longtemps j'ai été le jouet des tromperies, je suis ton serviteur, j'échappe à l'esclavage de ces maîtres odieux : reçois-moi, pour eux je n'étais qu'un étranger, et quand je fuyais loin de Toi, ils m'ont bien reçu.

Je sens maintenant que j'ai besoin de retourner vers Toi, je frappe à ta porte, qu'elle me soit ouverte, enseignes-moi comment on parvient jusqu'à Toi.

Je ne possède rien que ma volonté, je ne sais rien, sinon qu'il faut mépriser ce qui est changeant et passager, pour rechercher ce qui est immuable et éternel.

C'est ce que je fais, ô mon Père !
Parce que c'est la seule chose que je connaisse,
Mais j'ignore comment on peut arriver jusqu'à Toi.

Inspire-moi !
Éclaire-moi !
Fortifie-moi !

Si c'est par la foi que Te trouvent ceux qui Te cherchent, donne-moi la foi.
Si c'est par la vertu, donne-moi la vertu,
Si c'est par la science, donne-moi la science.

Augmente en moi la foi,

PRIÈRES ET SAGESSE de tous les temps

Augmente l'espérance,
Augmente l'amour.
Oh ! Que ta bonté est admirable et singulière !
Je Te désire,
Et c'est à Toi que je demande encore les moyens de suivre ce désir.

Si Tu nous abandonnes, nous mourrons ; mais Tu ne nous abandonnes pas, parce que Tu es le souverain bien, et personne ne T'a jamais cherché avec droiture sans te trouver.

Ceux-là T'ont cherché avec droiture à qui Tu as accordé la grâce de te chercher avec droiture.

Fais, ô Père ! Que je Te cherche.
Préserve-moi de l'erreur, et qu'en Te cherchant, je ne rencontre que Toi.

Si je ne désire plus que Toi.

Fais, ô Père ! Que je Te trouve enfin.

S'il reste en moi quelques désirs d'un bien passager, purifie-moi et rends-moi capable de Te voir.

Quant à la santé de ce corps mortel, comme je ne sais de quelle utilité elle peut être pour moi ou pour ceux que j'aime, je Te la confie entièrement.

Ô Père souverainement sage et souverainement bon !
Et je Te demanderai pour lui ce que tu m'inspireras au besoin, seulement, ce que je sollicite de ta souveraine

PRIÈRES ET SAGESSE de tous les temps

clémence, c'est de me convertir entièrement à Toi, c'est de m'empêcher de résister à la grâce qui me porte vers Toi : et tandis que j'habite dans ce corps mortel, fais que je sois pur, magnanime, juste, prudent.

Que j'aime parfaitement et que je reçoive ta sagesse,
Que je sois digne d'habiter et que j'habite en effet, dans le royaume éternel, séjour de la suprême joie.

Ainsi soit-il.

---

*St. Augustin d'Hippone est Né en 354 à Hippone en Algérie d'un père païen et d'une mère chrétienne. Il se convertit au catholicisme, à l'âge de 33 ans, sous l'influence de St. Ambroise et devint évêque d'Hippone en l'an 396. Il fut l'un des pères de l'église et mourut en 430.

106- Pensée Jaina* du Ve siècle

L'autre c'est toi-même.

Celui que tu as l'intention de frapper
Ce n'est en vérité, nul autre que toi-même.
Celui que tu veux opprimer
Ce n'est rien d'autre en vérité que toi-même.
Celui que tu projettes de torturer
Ce n'est en vérité nul autre que toi-même.
Celui que tu veux asservir
C'est toi-même.

Et celui que tu as décidé de tuer
En vérité, ce n'est personne d'autre que toi.
Sache que la violence est la racine
De toutes les misères du monde.

Puisse le Seigneur, Maître de l'univers,
Trouver bon de nous accorder
La santé, l'illumination
Et la paix, cette suprême béatitude.

---

*Le Jainisme est l'une des plus anciennes religions du monde. Elle aurait débuté en Inde vers le 10e siècle avant Jésus-Christ.

PRIÈRES ET SAGESSE de tous les temps

107- Prière d'un Vieillard
Saint Bernard de Clairvaux*

Demeurez avec nous, Seigneur,
Car le jour baisse,
Et il se fait tard.
O vous, la paix, le refuge
Et la consolation des cœurs troublés !
Demeurez avec nous,
De peur que notre charité
Ne se refroidisse,
Et que notre lumière
Ne s'éteigne dans la nuit;
Car le jour baisse,
Et il se fait déjà tard !
Déjà mon corps cède
À la violence des douleurs;
La mort m'environne,
Ma conscience se trouble;
Je frémis à la pensée de votre jugement,
Il se fait tard, le jour baisse :
Demeurez avec nous.
Je remets mon esprit entre vos mains;
En vous seul est mon salut,
Vers vous seul s'élèvent mes regards.
Demeurez avec nous,
Et qu'à ma dernière heure,
Mon âme étant affranchie, par la ferveur,
Du joug des tribulations
Et du péché,
La prière et l'amour lui préparent
Une douce hospitalité dans le sein de Dieu.

PRIÈRES ET SAGESSE de tous les temps

Ainsi soit-il.

―――――――――――

*Moine cistercien français né en 1090, mort en 1153, déclaré docteur de l'église au 19e siècle, il fut un réformateur très écouté dans la chrétienté. Il prêcha la seconde croisade et établit la règle des chevaliers du temple qu'il fit accepter lors du concile de Troyes en 1129. Il prêcha contre la persécution des juifs et il voua une dévotion particulière à notre dame.

PRIÈRES ET SAGESSE de tous les temps

108- Prière du IIIe siècle
Auteur inconnu.

Bienfaiteur de tous ceux qui se tournent vers toi,
Lumière de tous ceux qui sont dans les ténèbres,
Principe créateur de toutes les semailles,
Jardinier de toute croissance spirituelle, aie pitié de moi,
Seigneur,
Et fais de moi un temple sans reproche.

Ne considère pas mes péchés :
Si tu prends garde à mes fautes,
Je ne pourrai plus soutenir ta présence ;
Mais par ton immense miséricorde
Et ta compassion infinie,
Efface mes souillures par notre Seigneur Jésus-Christ,
Ton unique enfant, très saint,
Le médecin de nos âmes.

Par lui te soient rendus toute gloire,
Puissance, honneur, et magnificence,
Dans les âges des âges qui ne vieillissent ni ne finissent !

Amen.

PRIÈRES ET SAGESSE de tous les temps

109- Hymne a Shamash*

Illuminateur des cieux tout entiers,
Toi qui, là-haut, et là-dessous, dissipes les ténèbres !
O illuminateur des cieux tout entiers,
Toi qui, là-haut, et là-dessous, dissipes les ténèbres !
Ta splendeur enveloppe la Terre comme un filet :
Tu éclaires jusqu'aux ténèbres des montagnes les plus lointaines.

A Ta vue, les dieux infernaux sont en allégresse
Et tous les dieux du ciel exultent devant Toi !
Tes rayons maîtrisent les lieux les plus secrets !
Ton lever glorieux illumine l'existence des hommes :
Tous se tournent vers Ton éclat merveilleux !
Tel un immense flamboiement, Tu illumines le monde !
C'est Toi qui au matin fais ouvrir partout les portes des sanctuaires
Et préparer pour les dieux Leurs repas rituels !
Lorsque Tu apparais, Shamash, les populations se prosternent :
Tous les gens partout, s'inclinent devant Toi !
Tu resplendis dans les ténèbres et Tu tiens les « rênes du ciel » !

Des rayons du jour Tu allumes les champs d'orge, la subsistance du pays.

Ta gloire a recouvert les monts les plus lointains,
Ton éclat a rempli la face de la Terre.

Juché sur les montagnes, Tu inspectes le monde ;
Du ciel, Tu tiens à bout de bras tous les pays.

PRIÈRES ET SAGESSE de tous les temps

Tu tiens entre Tes mains tout ce qu'a fait le roi Ea, le sage,
Tu prends soin de tous les habitants de la terre,
Tu fais paître tous les êtres vivants, sans exception :
Ici-haut et là-dessous, leur berger unique, c'est Toi !
Tu ne cesses de traverser ponctuellement les cieux,
Chaque jour Tu parcours la terre interminable :
Le fleuve en crue, la mer, les montagnes, et la terre, et le ciel,
Tel un (...), Tu les sillonnes avec assiduité.

Ceux d'en-bas, fantômes (?), démons, et dieux, sont entre Tes mains,
Et Tu diriges ceux d'en-haut : les divinités de tous lieux :
Pasteur de là-dessous et Berger d'ici-haut,
Le guide et la lumière de l'Univers, c'est Toi, Shamash !
Tu traverses sans fin la mer large et immense,
Dont les dieux Eux-mêmes ignorent les tréfonds !
Tes rayons, ô Shamash, descendent en l'Abîme
Et les monstres marins contemplent Ta lumière !
Tu relies tout comme un câble, Shamash, Tu couvres tout comme une brume.

Ton large baldaquin abrite le monde.
Imperturbable, jour après jour, Ta surface n'est jamais offusquée
Et même en pleine nuit Tu allumes (...)
Sur des étendues inconnues, au loin, et des milles sans nombre,
Shamash, infatigable, Tu avances le jour, et Tu reviens, la nuit !

Pas un, parmi les dieux, d'aussi actif que Toi !
De tous les dieux de l'Univers, pas un d'aussi sublime !

PRIÈRES ET SAGESSE de tous les temps

A Ton lever, les divinités de la terre s'assemblent,
Lorsque Ta redoutable splendeur enveloppe le monde.
De toutes les populations aux langages divers,
Tu perces les desseins, Tu scrutes la conduite :
Tous sont prosternés devant Toi,
Et le cosmos entier, Shamash, aspire à Ta lumière[57] !

---

[57] Extrait de « Babylone, à l'aube de notre culture », J. Botero.
*Shamash est le dieu soleil dans la mythologie mésopotamienne.

PRIÈRES ET SAGESSE de tous les temps

110- Hymne à Marduk*

O valeureux Marduk, dont la colère est celle d'un cyclone,
Mais la ferveur est celle d'un père attendri !
Mon appel, nul ne l'a entendu : et c'est ce qui m'accable !
Mon cri, personne n'y répond : et voilà ce qui me torture !
Tout mon courage a déserté mon cœur :
Je suis tassé comme un vieillard !
Puissant Seigneur, Marduk, Dieu de miséricorde,
D'entre les hommes, autant qu'ils sont,
Qui donc, tout seul, pourra jamais comprendre ?
Qui n'a jamais pêché ? Qui n'a jamais failli ?
Qui connaîtra les voies des dieux ?
Oh ! Que je prenne garde à ne commettre aucun méfait !
Que je cherche sans cesse où se trouve la vie !
Les dieux nous ont voué à passer l'existence sous malédiction,
En supportant Leur main !
Moi-même, contre Toi j'ai commis quelque crime,
Que Ton cœur ne soit plus excité contre moi !
Supprime mon pêché ! Fais disparaître ma faute,
Le pêché de mon père, de mon grand-père,
De ma mère, de ma grand-mère,
De mes proches parents, de ma parenté éloignée,
De ma famille entière :
Qu'il n'approche pas de moi, mais qu'il s'en aille au loin !
Si mon dieu m'adresse la parole,
Il me nettoiera avec de l'herbe-lustrale !
Remets-moi à la main bienveillante de mon dieu protecteur,
Pour qu'à jamais je demeure auprès de Toi !
A prier, implorer, supplier !
Alors, le peuple infini de ce pays exaltera Ta gloire !

PRIÈRES ET SAGESSE de tous les temps

Supprime mon péché ! Fais disparaître ma faute !
Fais disparaître ma faute, ô valeureux Marduk !

Fais disparaître ma faute, ô grande Zarpanit !
Nabû au nom prestigieux, fais disparaître ma faute !

Ô souveraine Tashmêtu, fais disparaître ma faute !
Fais disparaître ma faute, vaillant Neergal !

Ô dieux qui résidez au Ciel, faites disparaître ma faute !
Les fautes sans nombre que j'ai perpétrées
Depuis ma tendre enfance,
Anéantis-les ! Jusqu'à sept fois élimine-les !
Que Ton cœur, comme celui du père qui m'a engendré,
Et de la mère qui m'a mis au monde,
Retrouve ses bonnes dispositions, ô valeureux Marduk,
Et je célèbrerai Ta gloire[58] !

---

[58] Extrait de « La plus vieille religion en Mésopotamie » J. Botero.
*Marduk, appelé aussi Baal, est le plus grand dieu babylonien. Son culte aurait atteint son apogée durant le règne de Nabuchodonosor de 1125 à 1104 av. J.C.

PRIÈRES ET SAGESSE de tous les temps

111- Hymne à Inanna,* La Sainte Prêtresse des Cieux

Je dis, « Salut ! » à la Sainte qui apparaît dans les Cieux !
Je dis, « Salut ! » à la Sainte Prêtresse des Cieux !
Je dis, « Salut ! » à Inanna, Grande Dame des Cieux !

Saint Flambeau ! Tu emplis le ciel de ta lumière !
Tu illumines le jour à l'aube !

Je dis, « Salut ! » à Inanna, Grande Dame des Cieux !

Imposante Dame des Dieux Annuna ! Couronnée des grandes cornes,
Tu emplis les cieux et la terre de lumière !

Je dis, « Salut ! » à Inanna, Première Fille de la Lune !

Puissante, majestueuse et radieuse,
Tu rayonnes brillamment le soir,
Tu illumines le jour à l'aube,
Tu te tiens dans les cieux comme le soleil et la lune,
Tes merveilles sont connues à la fois au-dessus et en-dessous,
À la grandeur de la sainte prêtresse des cieux,
À toi, Inanna, je chante[59] !

---

[59] Texte Traduit et adapté de l'anglais par Ishara Labyris, d'après le texte « The Holy Priestess of Heaven » - *Inanna Queen of Heaven and Earth* – Diane Wolkstein & Samuel Norah Kramer.

*Déesse de l'amour physique, de la fertilité et de la guerre en Assyrie/Babylonie.

PRIÈRES ET SAGESSE de tous les temps

112- Hymne à Astarté*

Célébrez la Déesse, la plus auguste des Déesses !
Honorée soit la Dame des peuples, la plus grande des dieux !

Célébrez Ishtar, la plus auguste des déesses,
Honorée soit la Souveraine des femmes, la plus grande des dieux !
Elle est joyeuse et revêtue d'amour.
Pleine de séduction, de vénusté, de volupté !
Ishtar-joyeuse revêtue d'amour,
Pleine de séduction, de vénusté, de volupté !

Ses lèvres sont tout miel !
Sa bouche est vivante !
A Son aspect, la joie éclate !
Elle est majestueuse, tête couverte de joyaux :
Splendides sont Ses formes ; Ses yeux, perçants et vigilants !

C'est la déesse à qui l'on peut demander conseil
Le sort de toutes choses, Elle le tient en mains !
De Sa contemplation naît l'allégresse,
La joie de vivre, la gloire, la chance, le succès !

Elle aime la bonne entente, l'amour mutuel, le bonheur,
Elle détient la bienveillance !
La jeune fille qu'Elle appelle a trouvé en Elle une mère :
Elle la désigne dans la foule, Elle articule son nom !

Qui? Qui donc peut égaler Sa grandeur ?

PRIÈRES ET SAGESSE de tous les temps

Puissantes, éminentes, sublimes sont Ses prérogatives !
Ishtar, qui peut égaler Sa grandeur ?
Puissantes, éminentes, sublimes sont Ses prérogatives !

Première entre les dieux, Sa place est tout en haut,
Sa parole est de poids : plus qu'Eux tous elle est vigoureuse !
Ishtar, Sa place entre les dieux est toute en haut,
Sa parole est de poids : plus qu'Eux tous elle est vigoureuse !

C'est Leur Reine : Ils se passent Ses ordres :
D'un seul élan, Ils s'agenouillent devant Elle,
D'Elle, Ils reçoivent leur lumière,
Femmes et hommes la révèrent !

Dans l'Assemblée des dieux, noble et suréminente est Sa parole :
Tout comme Anu, Leur Roi, parmi Eux Elle trône.
Elle a l'entendement, l'intelligence, la sagesse :
Elle et Son compagnon tiennent conseil ensemble !

Ensemble, Ils siègent au Saint-des-saints,
Au sanctuaire surélevé, maison de joie !
Devant Eux restent debout les dieux,
Tout ouïe quand eux ouvrent la bouche !

Leur roi, leur favori, le chéri de Leur cœur,
Leur a magnifiquement voué une généreuse Offrande :
La généreuse Offrande de se mains, Ammiditana
La Leur a fait présenter à foison : et seulement des bêtes grasses !

PRIÈRES ET SAGESSE de tous les temps

Pour lui, Elle a demandé à Anu, Son compagnon,
Une vie longue et durable :
De nombreuses années pour Ammiditana :
Voilà ce que lui a accordé et octroyé Ishtar !

D'un mot, Elle lui a soumis
Les Quatre-parts de l'Univers, à ses pieds !
La totalité des Régions habitées,
Elle les a astreintes à son joug[60] !

---

[60] Extrait de « La plus vieille religion en Mésopotamie » J. Botero.

*Déesse de l'amour et de la fertilité chez les syriens, la reine du ciel mentionnée dans la bible, Jérémie 44 verset 17, à qui les cananéens brulaient de l'encens et versaient des libations.

PRIÈRES ET SAGESSE de tous les temps

113- Hymne À Zoroastre

Voici ce que je te demande, Seigneur, réponds-moi bien,
Qui a été à la naissance, le père premier de la justice ?
Qui a assigné leur chemin au soleil et aux étoiles ?
Qui est celui, si ce n'est toi, par qui la lune croît et décroît ?
Voilà ce que je veux savoir, ô Sage, et d'autres choses.
Voici ce que je te demande, Seigneur, réponds-moi bien.
Qui a fixé la terre en bas, et le ciel des nuées qu'il ne tombe ?

Qui a fixé les eaux et les plantes ?
Qui a attelé au vent et aux nuages les deux coursiers ?
Qui est, ô Sage, le créateur de la Bonne Pensée ?
Voici ce que je te demande, Seigneur, réponds-moi bien.
Qui a façonné la dévotion consacrée avec l'Empire ?
Qui a fait le fils respectueux en son âme à l'égard de son père ?

Je m'efforce ainsi à reconnaître en toi, ô Sage
En tant qu'Esprit Saint, le créateur de toutes choses.
Voici ce que je te demande, Seigneur, réponds-moi bien.
Quel artiste a fait la lumière et les ténèbres ?
Quel artiste le sommeil et la veille ?
Lequel a fait le matin, le midi et le soir
Pour indiquer à l'intelligent sa tâche ?
Voici ce que je te demande, Seigneur, réponds-moi bien.

---

*Prophète fondateur du zoroastrisme.

PRIÈRES ET SAGESSE de tous les temps

114- Hymne à Mithra*

Au Nom de Dieu. Puissent la Majesté et la Gloire de Mithra, le Dieu Bon, s'accroître. Puisse Mithra venir des Verts Pâturages, Lui le Véritable Juge. De tous mes péchés je me repens. Hommage à Toi, ô Mithra ! Viens à mon aide, ô Mithra ! Nous sacrifions au Bon, Aidant et Saint Mithra. Nous sacrifions à Mithra des Verts Pâturages.

Je proclame Mithra de la Foi Ahurienne. Propitiation et glorification à Mithra des Verts Pâturages, qui a mille oreilles et qui a mille yeux, à Mithra qui est invoqué par Son Nom. Car Il est le Seigneur qui doit être choisi... que celui qui connaît Son Nom me le prononce.

Nous sacrifions à Mithra des Verts Pâturages, dont la Parole est vérité... celui qui toujours est en éveil. Nous sacrifions à Mithra qui est autour du Monde. Nous sacrifions à Mithra qui est dans le Monde. Nous sacrifions à Mithra qui est au cœur du Monde. Nous sacrifions à Mithra qui est au-dessus du Monde. Nous sacrifions à Mithra qui est sous le Monde. Nous sacrifions à Mithra qui est devant le Monde. Nous sacrifions à Mithra qui est derrière le Monde.

Nous sacrifions à Mithra et à Ahura, les Exaltés, les Impérissables, les Droits et aux Étoiles, au Soleil et à la Lune. Nous sacrifions à Mithra le Seigneur de tous les Mondes.

Pour Sa Splendeur et Sa Fortune, je lui ferai sacrifice par des oraisons audibles et des libations, oui, à Mithra des Verts Pâturages. Nous sacrifions à Mithra des Verts

PRIÈRES ET SAGESSE de tous les temps

Pâturages qui est au-dessus de la Joie et un Bien suspendu sur le Monde. Puisse Mithra venir à nous afin de nous secourir. Puisse Mithra venir à nous pour la Grandeur. Puisse Mithra venir à nous pour nous assister. Puisse Mithra venir à nous pour nous accorder Sa Miséricorde. Puisse Mithra venir à nous afin que nous puissions défaire nos ennemis. Puisse Mithra venir à nous afin de nous accorder une bonne vie. Puisse Mithra venir à nous afin de nous accorder la possession de la Vérité. Puisse Mithra, le Fort, l'Inébranlable Mithra des Verts Pâturages, Celui qui est digne de Louanges, venir à nous pour le bien du Monde.

Ce puissant Dieu Mithra, le plus fort parmi tous les Êtres, je l'adorerai avec des libations. Je le cultiverai de prières et de révérences, je l'adorerai par des prières audibles et des libations, Lui Mithra des Verts Pâturages. Nous adorons Mithra des Verts Pâturages avec le Soma mêlé de lait et de vin, avec le verbe et des mots magiques, avec le discours et l'action et des libations et avec des paroles correctes. Nous adorons les Entités mâles et femelles dans l'adoration de Mithra[61].

---

[61] Extrait Du Zend avesta.

*Mithra dieu solaire indo-iranien, fils d'anahita dont le culte connu son apogée dans l'empire romain au 2e et 3e siècle de notre ère. Le mithraïsme aurait été pratique plus de 1500 ans avant la venue du christianisme.

PRIÈRES ET SAGESSE de tous les temps

115- Plainte du juste souffrant

Mon dieu, je voudrais me tenir devant toi.
Je voudrais te dire ..., ma parole est une plainte.

Je voudrais t'en parler, déplorer l'amertume de mon chemin. ...

À mon compagnon je vais me joindre,
Vers mon camarade je vais me tourner.

Oh ! Que la mère qui m'a porté
Ne mette jamais fin à sa plainte sur moi !
Que ma sœur, à la voix si douce pour chanter la plainte,
Te dise, avec des larmes ce qui a fait ma ruine.
Que mon épouse te fasse connaître ... ma souffrance.

Que le chanteur expert te déroule comme un fil mon destin accablant.

Mon dieu, au pays de Sumer le soleil brille ;
Pour moi le jour est sombre ;
Pour moi le jour brillant s'est changé en jour de ténèbres.
Larmes, gémissements, angoisse et abattement m'ont envahi,
La souffrance m'a submergé comme un enfant qui pleure ;
Le démon du destin ... avec sa main, il emporte mon souffle de vie ;
Le démon malfaisant de la maladie baigne mon corps de sueur.

Mon dieu, toi qui es mon père et qui m'as engendré, relève ma face !

PRIÈRES ET SAGESSE de tous les temps

Combien de temps encore resteras-tu sans te soucier de moi,
Sans visiter le lieu où je me trouve ?
On dit - même de sages jouvenceaux - une parole vraie et exacte :
« Jamais une mère n'a mis au monde un fils sans péché.
Même celui qui s'y efforce n'y parvient pas :
Depuis les temps anciens il n'y a jamais eu de travailleur sans faute »....

Mon dieu, maintenant qu'à mes yeux tu as dévoilé mes péchés,
À la porte de l'assemblée je veux dire ceux qui ont été oubliés
Comme ceux qui paraissent au grand jour.
Moi, le jeune homme, je veux les reconnaître humblement...

De cette année à la suivante voici le seuil franchi.

Où que je me tourne, c'est malheur sur malheur !

La violence contre moi grandit et je ne trouve pas de justice.

J'ai appelé mon dieu, mais il n'a pas montré son visage ;
J'ai supplié ma déesse, mais elle n'a pas levé la tête !
Ni le devin, malgré ses recherches, n'a fixé mon avenir,
Ni l'interprète des songes, avec son offrande de parfums,
n'a éclairé mon cas.

J'ai sollicité le dieu des songes, il n'a pas ouvert mon oreille ;

PRIÈRES ET SAGESSE de tous les temps

Et l'exorciste, avec son rituel, n'a pas apaisé la colère divine contre moi.
Partout, quel étrange cours des choses !

Si je regarde en arrière : persécution et détresse.
Comme un homme qui n'aurait pas apporté régulièrement l'offrande à son dieu
Ou qui, au repos, n'aurait pas invoqué sa déesse,
Qui n'aurait pas incliné son visage et aurait ignoré les prosternations,
Qui n'aurait dans la bouche ni supplication ni prière,
Qui aurait omis les jours saints et négligé la fête du mois,
Qui, par négligence, aurait dédaigné le culte des dieux,
Qui n'aurait enseigné à ses gens ni le respect des dieux ni l'adoration,
Qui, sans l'invoquer, aurait mangé la nourriture de son dieu
Ou délaissé sa déesse en ne lui apportant pas la farine roussie ;
Comme un homme qui, dans sa rage, aurait oublié son seigneur
Ou juré par son dieu à la légère en un serment solennel :
Comme un tel homme je suis traité !

Moi, pourtant, j'ai été fidèle à la supplication et à la prière :
La prière était ma sagesse, et la supplication, ma loi.

Le jour du culte des dieux faisait la joie de mon cœur,
Le jour de la procession de la déesse était pour moi avantage et profit ;
Prier pour le roi, c'était mon honneur ;
La musique pour lui, c'était une joie de plus !

PRIÈRES ET SAGESSE de tous les temps

J'ai ordonné à mon pays de respecter les ordonnances du dieu ;
J'ai incité mes gens à honorer le nom de la déesse.
J'ai célébré le roi à l'instar d'un dieu
Et inculqué au peuple la déférence pour le palais.
Mais à quoi bon cette fidélité, si les mortels sont incapables de connaître « la voie du dieu » ?

Si seulement je savais que tout cela puisse plaire au dieu !
Mais ce qui paraît bon à un homme
Pourrait être une offense pour son dieu,
Ce qui est méprisable au jugement d'un homme pourrait plaire au dieu !

Qui peut saisir la volonté des dieux dans le ciel ?
Qui peut saisir le dessein du dieu des profondeurs ?
Où les mortels ont-ils jamais appris la voie du dieu?
Tel, hier bien vivant, est mort dans l'affliction.

Tel autre, tout à coup déprimé, subitement retrouve l'entrain.

À l'instant, il chantait un air joyeux ;
Un pas plus loin, il gémit comme un pleureur.

Le temps d'ouvrir et de fermer, ainsi change l'humeur des gens.

Quand ils ont faim, ils sont comme des cadavres ;
Quand ils sont rassasiés, ils rivalisent avec les dieux.

Dans leur prospérité, ils parlent d'escalader le ciel,
Dans la désolation, ils disent descendre aux enfers.

PRIÈRES ET SAGESSE de tous les temps

J'ai médité sur tout cela sans pouvoir en comprendre le sens[62] !

---

[62] Extrait de « Le problème du mal en Mésopotamie » de J. Botero.
*Texte de sagesse babylonienne qui aurait été composé plus de 2000 avant JC.

PRIÈRES ET SAGESSE de tous les temps

116- Les Instructions de Shuruppak,
Fils de Ubara-Tutu, à son fils Ziudsura

Si un roi ne tient pas compte du droit de son pays, Ea, le roi des destinées, changera son destin et ne cessera pas de le poursuivre de son hostilité.

Si l'épouse d'un homme a été prise avec un autre homme, ils les lieront et les jetteront à l'eau.

Ce qui paraît bon à un homme pourrait être une offense pour son dieu, ce qui est méprisable au jugement d'un homme pourrait plaire au dieu ! Qui peut connaître la volonté des dieux dans le ciel ? Qui peut saisir le dessein du dieu des profondeurs ?

Jamais une mère n'a mis au monde un fils sans péché... - Même celui qui s'y efforce n'y parvient pas - : depuis les temps anciens, il n'y a jamais eu de travailleur sans faute.
La souris qui ramasse des grains dans les champs se moque de la guêpe qui pique les fruits du verger.

Un roitelet, en se posant sur un éléphant, lui dit : « Ami, Ayya est ton secours. A l'abreuvoir elle te donnera de l'eau à boire. » Et l'éléphant de répondre au roitelet : « Je n'ai pas remarqué que tu te posais sur moi. De quoi te mêles-tu ? Je n'ai pas remarqué non plus que tu t'envolais. »

Une souris fuyant une mangouste entre dans le trou d'un serpent et dit : « Le charmeur de serpents m'envoie ; salut ! »

PRIÈRES ET SAGESSE de tous les temps

Le porc est profane... Il éclabousse son derrière, rend les rues malodorantes, souille les maisons. Le porc n'a pas sa place dans les temples ; il n'est pas un homme intelligent et n'est pas admis à fouler les pavés. Il est une abomination pour tous les dieux ; ses salutations sont une insulte pour Shamash.

Si le roi prend l'argent des citoyens de Babylone, et l'ajoute à son propre trésor, ou si, ayant à connaître d'un procès impliquant des hommes de Babylone, il le prend à la légère, Marduk, seigneur du ciel et de la terre, mettra ses adversaires au-dessus de lui et leur fera cadeau de ses biens et de ses richesses.

Si des citoyens de Nippur sont déférés devant le roi pour être jugés et que, ayant reçu des pots-de-vin, il les condamne injustement, Enlil, seigneur des pays, amènera contre lui une armée étrangère pour massacrer son armée, en sorte que ses princes et ses officiers en chef erreront dans les rues tels des colporteurs.

Si le roi condamne injustement un citoyen de Sippar, alors qu'il acquitte un étranger, Shamash, juge du ciel et de la terre, établira dans son pays une justice étrangère, de sorte que les princes et les juges ne tiendront pas compte de la justice.

Si un roi ne tient pas compte du droit, son peuple tombera dans le chaos et son pays sera dévasté.

A la femme qui t'est chère, n'ouvre pas grand ton cœur : dès qu'elle aurait le sceau en main, tu verrais le désordre dans ta réserve scellée. Ce que contient ta bourse, que ta femme ne l'apprenne pas.

Mon fils, avec qui calomnie ne mange pas de farine.

N'humilie pas les jeunes avec les vieux. Ne te moque pas du dieu que tu n'invoques pas. Prends conseil de tes forces : avec un puissant ne te mesure pas.

Ne hante pas le cabaret, mon fils : mangeaille, qui engraisse le ventre. Il ne sied pas, mon fils, de fréquenter ces gens : tu creuserais ta faim et prendrais goût aux boissons.

Au jour où les hommes en grand nombre ont reçu leur lot, le lot qui m'est échu, c'est la peine...

Le méchant a dit des paroles hostiles, il t'a irrité, il s'est déchaîné, il a fait naître le chagrin ! Moi, le sage, pourquoi devrais-je me joindre à de jeunes ignorants ? Moi, l'avisé, pourquoi serais-je compté parmi les ignorants ? Il y a toujours du pain, mais mon pain à moi, c'est la faim.

Si tu reprends du dieu le dépôt d'argent du jurement, redoute le dieu du jurement et sauvegarde ainsi ton corps : qui se parjure par le Fleuve, tout fils lui sera enlevé et jamais plus sa femme n'aura d'enfant.

Celui qui n'est pas fier du nom de son père et du nom de sa mère, que Shamash ne brille plus sur lui, car c'est un mauvais homme.

PRIÈRES ET SAGESSE de tous les temps

Un léopard rencontra une chèvre qui avait froid. Le léopard dit à la chèvre : « Viens, que je te couvre de ma pelisse ! » La chèvre répondit au léopard : « Pourquoi ferais-je cela, messire ? Ne m'enlève pas ma propre peau ! » Comme on dit : « Il ne salue la gazelle que pour sucer son sang ! »

J'ai transporté de la paille et soulevé du son, mais il n'est rien de plus léger qu'un apatride !

J'ai transporté du sable et soulevé du sel, mais il n'est rien de plus lourd qu'une dette !

La langue du roi est douce, mais elle brise les côtes d'un dragon. Elle est comme la mort qui ne se fait pas voir.

J'ai goûté même la nèfle amère et j'ai mangé des endives, mais il n'est rien de plus amer que la pauvreté !

Mis en présence d'une affaire difficile, ne t'oppose pas au roi. Sa colère est plus rapide que l'éclair : prends garde à toi ! Qu'il ne l'enflamme pas contre tes paroles, de peur que tu ne t'en ailles avant ton temps.

Mon fils, ne dis pas tout ce qui te vient à l'esprit, car il y a partout des yeux et des oreilles. Surveille ta bouche, de peur qu'elle ne te fasse échouer. Par-dessus-tout, veille sur ta bouche, et sur ce que tu as entendu, reste discret ; car un mot est un oiseau, et bien sot celui qui le lâche.

Mon fils, ne maudis pas le jour avant d'avoir vu la nuit.

PRIÈRES ET SAGESSE de tous les temps

Il y a deux choses qui sont bonnes et une troisième qui plaît à Shamash : que, buvant du vin, on le partage, que, détenant la sagesse, l'on s'y conforme, qu'entendant une parole, on ne la révèle pas. Voilà qui est précieux devant Shamash. Mais celui qui boit du vin sans le partager, celui dont la sagesse reste vaine et le bavard, qui les regarde ?

Pour un domestique, les coups ; pour une servante, les reproches ; et pour tous les esclaves, la discipline.

N'épargne pas la baguette à ton fils, sinon tu ne pourras le préserver du mal. Si je te frappe, mon fils, tu ne mourras pas, mais si je te laisse à ton cœur, tu ne vivras pas.

Le fils qui est instruit et éduqué et à qui on met aux pieds une entrave réussira dans la vie...

L'homme qui a saisi la queue du lion a coulé dans le fleuve ; celui qui a saisi la queue du renard s'en est sorti.

Quand la maîtresse est sortie de la maison et que la servante est rentrée du dehors, la servante s'assied à son propre banquet, sans sa maîtresse.

Une maladie qui reste sans médecin, c'est comme un affamé qui reste sans pain.

L'amitié dure un jour. Les rapports commerciaux durent toujours.

Un peuple sans roi est comme un troupeau sans berger.
Ce n'est pas ta richesse qui t'aide, c'est ton dieu.

PRIÈRES ET SAGESSE de tous les temps

La pierre de meule surnage dans la rivière pour l'homme de bien.

Le destin est comme une berge humide : de l'homme, bien souvent, il fait glisser le pied.

S'agissant de pain pour autrui, il est aisé de dire : « Je t'en donnerai », mais le donner est une autre affaire.

Ne couche pas avec ton esclave : pour toi elle claquerait des dents.

Ne te permets aucun jeu avec une jeune femme mariée : les racontars sont démesurés.

N'entre pas par effraction dans une maison... Le voleur est un lion ; une fois pris, c'est un esclave.
Ne va pas là où l'on se querelle, la querelle te prendrait à témoin !

N'élève pas une maison sur la place : là est la cohue !
Ne place pas un champ sur ton chemin : c'est un désastre.

N'achète pas un étalon d'âne brailleur, sinon il va braire après toi[63].

---

[63] Extrait de « Instructions de Shuruppak, une collection de proverbes sumériens » de Bendt Alster. Texte sumérien écrit environ 2600 av. J.C.

PRIÈRES ET SAGESSE de tous les temps

117- Extrait de l'Avesta*

1. Zarathushtra demanda à Ahura-Mazda : Ahura-Mazda, esprit très saint, créateur des mondes visibles, être pur !

2. Qu'(est-ce qui est), de la loi sainte, le plus fort, le plus puissamment protecteur, le plus majestueux, le plus énergiquement opérant, le plus (complètement) victorieux, le plus salutaire, (le plus fort) pour écraser la haine des Dévas et des hommes (pervers), qu'est-il de tout le monde corporel de plus propre à aider l'intelligence; qu'est-il de tout le monde corporel de plus propre à purifier la nature?

3. Or, Ahura-Mazda répondit : Nos noms à nous Amesha-Çpentas, ô saint Zarathushtra ; c'est là ce qui de la loi sainte est le plus fort, le plus puissamment protecteur, le plus majestueux, le plus énergiquement opérant, le plus (complètement) victorieux, le plus salutaire, le plus (fort) pour écraser la haine des Dévas et des hommes (pervers) ; c'est de tout le monde corporel le plus propre à aider l'intelligence ; c'est de tout le monde corporel le plus propre à purifier la nature.

4. Zarathushtra dit alors : Dis-moi donc, ô saint Ahura-Mazda, quel nom est pour toi le plus grand, le plus parfait, le plus brillant, le plus puissamment opérant, le plus victorieux, le plus salutaire, le plus propre à écraser la haine des Dévas et des hommes pervers ?

5. Pour que j'abatte les Dévas et les méchants; afin que j'écrase tous les Yâtus et les Pairikas et que personne, ni Déva, ni homme, ni Yâtus, ni Pairika ne puisse m'abattre.

PRIÈRES ET SAGESSE de tous les temps

6. Ahura-Mazda dit alors : Mon nom, ô saint Zarathushtra, est celui qui doit être consulté (interrogé). Mon second nom est le Pasteur. Mon troisième : celui qui constitue (les êtres) ; le quatrième : la pureté parfaite ; le cinquième tous les biens créés par Mazda, d'origine pure ; le sixième (est) que je suis l'intelligence ; le septième : que je suis l'intelligent ; le huitième : la sagesse ; le neuvième : le sage ; le dixième que je suis l'accroissement ; le onzième : celui qui donne l'accroissement ; le douzième : le maître ; le treizième : qui favorise ; le quatorzième : (celui qui est) sans peine ; le quinzième l'inébranlable ; le seizième : celui qui suppute les mérites ; le dix-septième : celui qui dispose toute chose; le dix-huitième celui qui sauve ; le dix-neuvième (est) que je suis le créateur ; mon vingtième nom est que je suis Mazda (le sage).

7. Honore-moi, Zarathushtra, le jour et la nuit par des dons apportés en offrandes.

8. Je viendrai à toi pour (te donner) aide et joie, moi qui suis Ahura-Mazda. Il viendra à toi pour t'aider et te réjouir, Çraosha-le-saint, le bon ; ils viendront à toi en aide et réjouissance et les arbres, et les eaux et les Fravashis des justes.

9. Si tu le veux, Zarathushtra, tu écraseras la haine des Dévas et des hommes, des Yâtus et des Pairikas, des tyrans, des Kavis et des Karapans.

10. Des bipèdes pernicieux, des Ashemaoghas bipèdes,

PRIÈRES ET SAGESSE de tous les temps

11. Des loups à quatre pattes, d'une armée ennemie au large front, aux bannières larges, aux bannières hautes, tenues levées, portant une bannière meurtrière.

12. Retiens ces noms et prononce-les tous les jours, toutes les nuits.
13. Je suis le protecteur, je suis le créateur et le nourricier, je suis le sage, l'esprit très-saint.

14. Mon nom est le sauveur, je m'appelle celui qui sauve mieux que tout autre. Je m'appelle l'Atharvan, je m'appelle l'Atharvan suprême; je m'appelle Ahura, le maître; je m'appelle Mazda, le sage.

15. Je m'appelle le saint, je m'appelle le très saint, je m'appelle le majestueux, je m'appelle le très majestueux.
16. Je m'appelle celui qui voit beaucoup, je m'appelle celui qui voit le plus, je m'appelle celui qui voit de loin, je m'appelle celui qui voit le mieux au loin.

17. Je m'appelle le gardien, je m'appelle le bienveillant, je m'appelle le créateur, le protecteur, le nourricier, je m'appelle celui qui connaît, je m'appelle celui qui connaît le mieux.

18. Je m'appelle celui qui Donne la prospérité, je m'appelle celui dont la loi donne la prospérité; je m'appelle celui qui gouverne à son gré; je m'appelle celui qui gouverne le plus à son gré.

19. Je m'appelle le roi illustre, je m'appelle le roi le plus illustre. Je m'appelle celui qui ne trompe pas, je m'appelle celui qui déjoue la tromperie.

PRIÈRES ET SAGESSE de tous les temps

20. Je m'appelle le protecteur des chefs, je m'appelle le punisseur de la méchanceté. Je m'appelle celui qui abat; je m'appelle celui qui dompte tout, je m'appelle le formateur universel.

21. Je m'appelle celui qui possède toutes les splendeurs, je m'appelle plein d'éclat, je m'appelle le brillant. Je m'appelle celui qui produit toute utilité, je m'appelle celui qui produit tout accroissement, je m'appelle le « favoriseur ».

22. Je m'appelle l'héroïque, je m'appelle celui qui favorise le plus puissamment, je m'appelle le pur, je m'appelle le grand.

23. Je m'appelle celui qui possède la puissance royale, je m'appelle celui qui possède la puissance royale la plus élevée. Je m'appelle le sage, je m'appelle le plus sage, je m'appelle celui qui est éclairé au loin.

24. Tels sont mes noms. À celui qui, dans ce monde corporel, retient et répète ces noms, qui sont les miens,
25. Ou le jour ou la nuit, se tenant debout ou s'inclinant, s'inclinant ou se tenant debout, se ceignant du cordon sacré ou l'ôtant,

26. S'en allant de la maison, ou s'en allant du clan, de la contrée, ou arrivant dans une (autre) contrée; à cet homme,
27. En ce jour ou en cette nuit, l'esprit de mensonge qui réside dans l'esprit poussé par Aeshma ne pourra nuire, non plus que les pointes acérées, ni les frondes, ni les dards, ni les couteaux, ni les massues, ni les projectiles ne pourront l'atteindre pour le blesser.

PRIÈRES ET SAGESSE de tous les temps

28. Proférés, ces noms servent d'arme et de rempart contre l'esprit de mensonge, contre la méchanceté varénienne, contre l'impur qui cherche à souiller.

29. Contre Anro-Mainyus (l'esprit) pervers qui donne la mort à tout.

30. Comme un million d'hommes accablerait un (homme) seul.

31. Tu es vainqueur complètement par la loi, etc.

---

*Livre sacré du mazdéisme.

PRIÈRES ET SAGESSE de tous les temps

118- Extrait de la Bhagavad Gita*

Celui, envieux de rien, qui se comporte avec tous en ami bienveillant, qui de rien ne se croit le possesseur, qui du faux ego est affranchi et dans la joie comme dans la peine reste le même, qui plein de pardon, toujours connaît le contentement, qui avec détermination est engagé dans le service de dévotion, et dont le mental et l'intelligence sont en accord avec Moi, celui-là M'est très cher.

Celui qui jamais n'est cause d'agitation pour autrui et que jamais non plus l'agitation ne trouble, que joies et peines n'affectent pas, celui-là M'est très cher.

Celui qui ne dépend en rien des modes de l'action matérielle, l'être pur, expert en tout, libre de tout anxiété, affranchi de la souffrance, et qui ne recherche point le fruit de ses actes, celui-là, Mon dévot, M'est très cher.

Celui qui ne se saisit ni de la joie ni de la peine, qui ne s'afflige ni convoite, qui renonce au favorable comme au défavorable, celui-là, Mon dévot, M'est très cher.

Celui qui envers l'ami ou l'ennemi se montre égale, et le même devant la gloire ou l'opprobre, la chaleur ou le froid, les joies ou les peines, l'éloge ou le blâme, qui toujours est libre de toute souillure, silencieux, satisfait de tout, insouciant du gîte, et qui, établi dans la connaissance, Me sert avec amour et dévotion, celui-là M'est très cher.

Celui qui, plein de foi, dans cette impérissable voie du service de dévotion s'engage tout entier, faisant de Moi le but suprême, celui-là M'est infiniment cher.

PRIÈRES ET SAGESSE de tous les temps

*L'un des plus importants textes de l'hindouisme avec les Upanishad et les Brâhmanas sutras.

PRIÈRES ET SAGESSE de tous les temps

119- Verset 6 du Tao

L'esprit qui ne meurt jamais
Est appelé le mystérieux féminin.
Même si elle devient la totalité de l'Univers,
Sa pureté immaculée n'est jamais perdue.
Même si elle prend d'innombrables formes,
Sa véritable identité demeure intacte.

La porte de la femelle mystérieuse
Est appelée la racine de la création.
Écoutez sa voix,
Entendez son écho à travers toute la création.
Inévitablement, elle révèle sa présence.
Inévitablement, elle nous élève à notre propre perfection.
Bien qu'invisible, elle perdure ;
Et n'aura jamais de fin[64].

---

[64] La sagesse du Tao Traduit de l'anglais par Christian Hallé.
Extrait de « Changez vos pensées, changez votre vie » Dr. Wayne W. Dyer.

PRIÈRES ET SAGESSE de tous les temps

120- 39ᵉ Verset du tao

Ces choses du passé sont issues de l'unité :
Le ciel est entier et clair.
La terre est entière et ferme.
L'esprit est entier et plein.
Ces dix mille choses sont entières,
Et le pays se tient droit.
Tout cela découle des vertus de l'intégrité.

Lorsque l'homme interfère avec le Tao,
La terre s'épuise,
L'équilibre est compromis,
Des espèces entières disparaissent.

Par conséquent, la noblesse est ancrée dans l'humilité ;
Ce qui est élevé est basé sur ce qui est en bas.
C'est pourquoi les nobles se disent
Seuls, dépourvus et sans mérites.

Les pièces d'un chariot sont inutiles
A moins qu'elles n'opèrent en fonction de tout
La vie d'un homme n'apporte rien
A moins qu'il ne vive en accord avec l'Univers.
Jouer son rôle en harmonie avec l'Univers,
Voilà la véritable humanité
En fait, trop d'honneur signifie absence d'honneur.

Il n'est pas sage de resplendir comme du jade et de résonner comme un carillon vide[65].

---

[65] Idem.

PRIÈRES ET SAGESSE de tous les temps

121- Pensée Hindoue

Méditez sur Dieu sans cesse, quoi que vous fassiez, où que vous soyez. Rappelez-vous que tout ce que vous voyez, tout ce que vous entendez est une manifestation de Lui. Le chagrin n'existe que parce que vous croyez être distinct. Ne considérez personne comme distinct de vous-même. Voyez en chacun votre ami. Considérez-vous comme un instrument de Dieu et pensez que c'est Lui qui vous anime. Consacrez-vous complètement à Lui, constamment, ayez le sentiment que c'est Lui qui fait tout. Même quand vous marchez, ayez le sentiment que c'est Lui qui fait mouvoir vos jambes. Quel que soit le travail que vous fassiez, offrez-le Lui et alors vous serez incapable de toute bassesse car comment pourriez-vous offrir quelque chose de laid à votre Bien-Aimé ? Le mince savoir que vous possédez, vous devez le Lui abandonner et en retour, comme il ne vous restera rien, Il vous donnera tout[66].

---

[66] Extrait de la vie divine.
Ma Anandamayî, (1896-1982), philosophe et mystique indienne.

PRIÈRES ET SAGESSE de tous les temps

122- Prière Universelle
Swami Sivananda

Dieu de compassion et d'amour, je Te salue et je m'incline devant Toi.
Tu es omniprésent, tout-puissant et Tu sais tout.
Tu es Sat Chit Ananda, Etre, Savoir, Bonheur à l'état pur.
Tu es au cœur de tout ce qui vit.
Rends notre cœur compréhensif, notre vision égale, notre esprit équilibré.
Donne-nous la foi, la dévotion, la sagesse.
Donne à notre âme la force intérieure de résister aux tentations et de contrôler notre esprit.
Libère-nous de l'égoïsme, de l'envie, de la colère, de la haine, de la jalousie.
Emplis notre cœur de vertus divines.
Apprends-nous à te connaître sous toutes tes formes et tous tes noms.
Apprends-nous à te servir sous toutes ces formes et tous ces noms.
Aide-nous à ne jamais te perdre de vue un seul instant.
Aide-nous à chanter ta grandeur éternellement.
Que ton Nom soit toujours sur nos lèvres.
Et puissions-nous demeurer en toi pour toujours.

Swami Sivananda 1887-1963 ; médecin et maître Indien du Yoga dont la vie était centrée sur le service des autres.
Extrait de « La vie Divine »

PRIÈRES ET SAGESSE de tous les temps

123- Prière des Rose-Croix du passé
Auteur anonyme

Seigneur, de Tes mains vient tout le bien. Toutes les grâces et toutes les bénédictions proviennent de Ta main. De Tes doigts, Tu as écrit les lettres de la nature que nul ne peut lire s'il n'a appris dans Ton école. Aussi laisse nous lever les yeux vers Toi !

Ô Seigneur, de même que les serviteurs regardent les mains de leur maître et que les servantes regardent les mains de leurs maîtresses, afin que Tu puisses nous aider.

Ô Seigneur notre Dieu, qui ne Te louerait, qui ne Te glorifierait, Roi de Gloire ! Car toutes choses viennent de Toi et T'écoutent et doivent retourner à Toi de nouveau pour être reçues soit dans Ton amour, soit dans Ta colère. Rien ne peut T'échapper, toutes choses doivent servir Ton honneur et Ta gloire. Toi seul est le Seigneur et nul autre. Tu fais ce que Tu veux de Ton bras puissant et rien ne peut T'échapper. Toi seul aide les humbles, les doux, les pauvres, ceux qui Te sont dévoués de tout leur cœur dans l'adversité, ceux qui s'abaissent dans la poussière devant Toi, envers eux Tu es miséricordieux. Qui ne Te louerait !

Ô Toi Roi de Gloire ; il n'en est aucun de semblable à Toi, dont la demeure est dans le ciel et dans un cœur sain, inquiet et vertueux.

Ô Dieu Grand, Toi, tout en tout !

Ô nature ! Toi qui est tout de rien, que dirais-je de plus ? Je ne suis rien moi-même, en Toi je suis tout et je vis dans

PRIÈRES ET SAGESSE de tous les temps

Ton tout à partir de rien : Toi, vis donc en moi, et emporte-moi ainsi dans le tout en Toi.

Amen.

PRIÈRES ET SAGESSE de tous les temps

www.ingramcontent.com/pod-product-compliance
Lightning Source LLC
Chambersburg PA
CBHW052048220426
43663CB00012B/2490